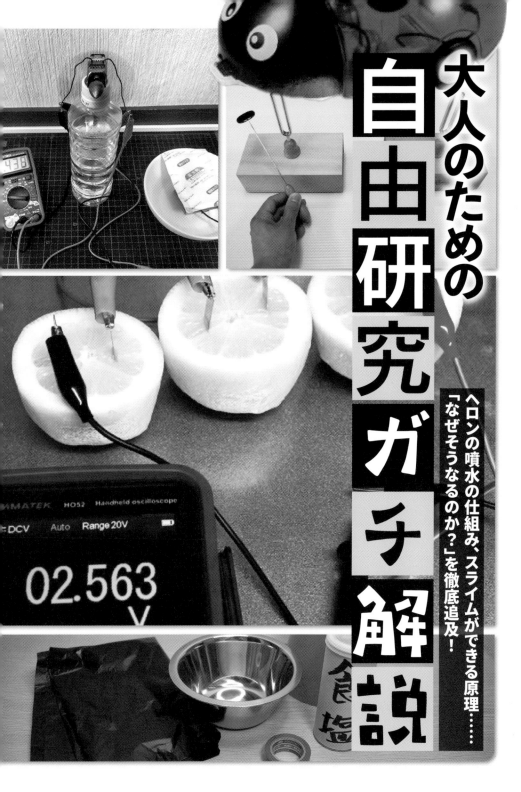

大人のための自由研究ガチ解説

ヘロンの噴水の仕組み、スライムができる原理……「なぜそうなるのか？」を徹底追及！

はじめに

　スライムができる仕組みを聞かれたら何と答えますか？

　「洗濯のりの成分とホウ砂が網目を作り、その中に水が入って……」と説明する人が最も多いでしょう。
　しかし、網目ができる理由まで答えられる人はどれだけいるでしょうか？

　このように、一見「子ども騙し」のように見える自由研究の実験・工作も、「なぜそうなるのか？」を突き詰めると意外と奥深いものです。

　本書は、「ロボットキットの重心制御」「スライム」「ヘロンの噴水」「コイルモータ」といった自由研究の定番実験・工作をピックアップし、その仕組みや原理を詳細に解き明かします。

　子どものころにかいま見た科学の世界を、大人の目でもう一度覗いてみましょう。

I/O編集部

大人のための
自由研究 ガチ解説

CONTENTS

はじめに ……………………………………………………………………………………… 3

第1章　化学反応をガチ解説

[1-1]　スライムの歴史と化学 …………………………………………… 8
[1-2]　レモン電池から学ぶ電池の仕組み ……………………………… 21

第2章　ロボットをガチ解説

[2-1]　壁づたいメカ工作セットを徹底解析 …………………………… 34
[2-2]　ロボットキットの重心移動 ……………………………………… 48

第3章　電磁気をガチ解説

[3-1]　コイルモータの仕組み徹底解説 ………………………………… 64
[3-2]　熱を電気に変える「熱電発電モジュール」の原理 …………… 76

第4章　いろいろな力をガチ解説

[4-1]　ヘロンの噴水はなぜ動くのか …………………………………… 90
[4-2]　「音」とは何か …………………………………………………… 104

第5章　電子部品をガチ解説

[5-1]　電子工作の定番発光デバイスLED ……………………………… 116
[5-2]　プリント基板はどう作られるか ………………………………… 127

索引 …………………………………………………………………………………………… 141

●各製品名は、一般的に各社の登録商標または商標ですが、®およびTMは省略しています。
●本書に掲載しているサービスやアプリの情報は執筆時点のものです。今後、価格や利用の
　可否が変更される可能性もあります。

化学反応をガチ解説

この章では化学反応を利用した実験として「スライム」と「レモン電池」を取り上げます。

分子やイオンといった高校時代の化学の授業で習ったことを思い出しながら読んでみてください。

CONTENTS

- 1-1 スライムの歴史と化学 …………………………… 8
- 1-2 レモン電池から学ぶ電池の仕組み …………………… 21

1-1 スライムの歴史と化学

■清水　美樹

「スライム」といえばデロンとしたアレ、ということでお子さまがたに親しまれていますが、もともとどこで発明されて、なぜあんなふうになり、何が面白いのでしょうか？文化的・化学的側面から迫ります。

スライム作りの歴史と文化

「Silly Putty」というおもちゃ

「slime」とは、英語の辞典によると、「柔らかく湿っていて反発力を有する物質」だそうです。

そういう物質が子どものおもちゃとして生産販売されるようになったのは、1950年代の米国の「Silly Putty」という製品あたりからだそう。

「silly」は日本語の「愚か」ほどではなく、「おかしな」程度の意味の英単語に原材料の「シリコン」をかけたもの。

「putty」は「パテ」的なものを意味します。

図1-1-1　米Crayora社の製品「Silly Putty」の一例
写真は同社オンラインショップサイト(https://shop.crayola.com/)より

こうしたおもちゃは日本も含む各社で製造されるようになり、派手な蛍光緑などの色をつけて、米国でSF映画やテレビショーの「不気味な面白さ」の演出に用いられて人気を得ました。

今は多くの製品で、不気味さより美しさを追求し、カラフルで肌触りも良いものになっています。

お手製スライムの広がり

このようなおもちゃを自分で作って遊ぼう、という教育活動が起こるのは自然なことと言えましょう。

ただし、米国で示される材料はけっこう多様です。

工作のりと**ホウ砂**の組み合わせが典型的で、これに**デンプン**を加えることもあります。

また、ホウ砂の代わりに**ホウ酸水**と**重曹**という組み合わせもあります。

これに対して日本では、**洗濯のり**とホウ砂という簡単な組み合わせがほとんどです。

この違いについては、このあと生活文化的観点から味わっていきましょう。

*

スライムができる仕組みは、手短には「**ポリマーの架橋作用**」と説明されます。

しかし、そんな話にあまり関心をもちそうにない未就学や低学年のお子さま向けにも教育目的でよく用いられる理由は、「手指の使用」による感覚・運動その他の基本能力の育成と言われています。

粘土細工のように「何かを作る」という課題を負わずに、ただ自由に触って指を使うというのが、低年齢での教育向けなのだそうです。

日米のスライム文化を比較

「洗濯のり」の成分

　日本のスライムの主成分が「洗濯のり」と言われているのは、日本で製造販売されている洗濯のりの多くがPVA（ポリビニルアルコール）の水溶液だからです。

　洗濯のり自体、何にどうやって使うのか馴染みがない人もいるでしょう。ビジネスシャツやシーツなどにパリっとした感じをもたせるために、洗濯の仕上げに水で薄めて漬け込み、脱水して乾かします。

　スライム作りには簡易型のスプレーのりではなく、バルク水溶液としてプラスチックボトルで提供されているものを選びます。

　一方、米国では洗濯のり製品の多くはデンプンであり、一般的な品名もlaundry starchです。
　これは、農産物の種類と生産量、気候（日本は多湿でカビが生えやすい）などの違いによるのでしょう。

「ハイクリーチ」

特徴　　1番よく売れています

主成分　ポリビニールアルコール　PVA
　　　　防腐剤
内容量　750mL　ケース20本入り
JAN　　4970106001101
注意点　衣類の仕上げに、工作用接着剤
　　　　スライム作りスーパーボール作り
　　　　ハーバリウムのオイルの代替として使えます。

図1-1-2　大阪糊本舗(https://osakanorihonpo.sakura.ne.jp)のPVA洗濯糊
すでにスライム作りが用途に含まれている

米国でスライム作りの材料として最も有名なのは、「エルマー」ブランドの工作のりです。
この製品の主成分もPVAと略されますが、物質としては異なる**ポリ酢酸ビニル（ポリビニルアセテート）**です。

ポリビニルアルコール（この場合PVOHと略して区別する）との違いは、水に溶けにくく、エマルション（微細な液滴状で均一に分散）なので白濁して見えます。
ポリビニルアルコールで作るスライムより若干薄いので、デンプンが糊化材になります。

したがって、日本のスライムのほうが米国版より透明感があるようです。

図1-1-3　米国の代表的工作のりメーカー「Elmer's」(https://www.elmers.com/)でも、スライム作り感を強力に押し出している

ホウ砂は何に使うのか

ホウ砂は、**ホウ素**を含む鉱物で、大きな湖の岸辺や砂漠の砂などに混じっています。
ホウ砂の含有の高い場所が露天採掘場となります。

米国では大規模なホウ砂の採掘場が南カリフォルニアにあり、材料が得やすかったことから、ホウ砂は伝統的に薬剤・添加剤などに多用されていました。
ですから、その用途の1つとしてポリマーの架橋剤に使われるのは自然な成り行きだったでしょう。

また、米国家庭の伝統的な応急消毒薬の調合に**ホウ酸**(H_3BO_3)が使われることもあり、その場合、パンやクッキーを焼くのに使われる重曹ととも

に加えれば、ホウ砂を加えたのと同じになります。

　このように考えると、「スライム作り」はいかにもアメリカンホームのキッズのスクールワークが発祥という感じで納得がいきます。

図1-1-4　健栄製薬(https://www.kenei-pharm.com)の製品「ホウ砂」
スライム作り用の少量包装が販売されている

スライム材料の化学

PVAとPVOHの構造

　ポリビニルアルコールもポリ酢酸ビニルも、**図1-1-5**のような単位が元になっています。

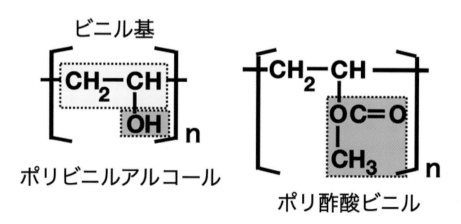

図1-1-5　ポリビニルアルコールとポリ酢酸ビニルの構造(かなり省略した書き方)

共通なのは、**ビニル基**と呼ばれる部分です。
そこに**水酸基（OH）**が付いているか、**アセチル基（CH₃COO）**が付いているかが異なります。

ただし、工業的にPVOHはPVAからアセチル基をアルカリ加水分解してOHにする「**ケン化**」という反応で作成されますから、PVAが一部残る製品もあります。

＊

「ポリ袋」は、ちょっと前までは「ビニール袋」と呼ばれていました。
その時代はプラスチックの代表が**ポリ塩化ビニル（PVC）**だったからです。

ビニル（vinyl）という名前はワインからきています。
石油化学以前の有機物製造業で、ワインの沈殿物を材料にしていたことを記念しての命名だそうです。

CH₃（メチル基）があると疎水性

「ポリビニルアルコールが水溶性で、ポリ酢酸ビニルが水に溶けずにエマルション化される」というのは、有機物にほぼ共通に含まれているCH₃基が突出しているかどうかの違いです。

＊

図1-1-6に、CH₃基とOH基の構造として長らく考えられている概念を示します。

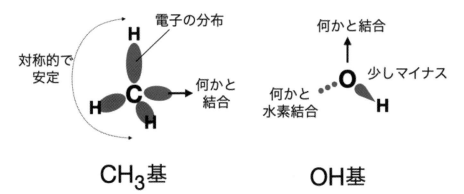

図1-1-6　CH3基とOH基の負電荷分布の概念図

CH₃基の基本は、**図1-1-6左**の通りです。

炭素原子と3つの水素原子、4つめに何か結合先が、それぞれエネルギーバランスを保って結合した正四面体構造です（水素が4つだとメタンガス）。

ここでの結合の仕組みは、両原子の原子核（正電荷）の間に電子（負電荷）が分布して、電気的中性を実現することによる……と長らく考えられています。

なぜ炭素が4つ結合先をもつのかは、このあとホウ素と一緒に説明します。

一方、OH基の基本は**図1-1-6右**の通りです。

酸素原子の原子核は電子を引き寄せる力（電気陰性度）が強いので、酸素を含む結合では局所的に電荷が不均一になります。

そのため、酸素原子がややマイナスになり、同様にややプラスの水素原子を含む他の部分とゆるく引き合います。

これが**水素結合**です。

図1-1-5で示した「n」は、この構造を単位（**モノマー**）として、これらがいくつつながってポリマーを構成するかを示す**重合度**です。

どちらの場合も100から数千に渡り、製品によって違います。

ホウ砂またはホウ酸と重曹

ホウ砂やホウ酸のような化合物は生活の中でわりと馴染みがあるかもしれません。

しかし、「ホウ素」という元素が、たとえば元素の周期表でどこにあるか、すぐにピンとくるでしょうか？

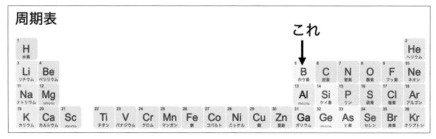

図1-1-7　Googleで「元素の周期表」などと検索すると出てくる図

ホウ砂についての最初の説明で、「ホウ砂はホウ素を含む鉱物」と書きましたが、実は「ホウ素」という元素名は「ホウ砂※」から単離された元素として命名されました。

> ※borax。中世の英語で薬剤名として知られていたようで、語源はギリシャ語やアラビア語など諸説あり。

　ホウ素の元素番号は5で、炭素より1つ小さい位置です。
　そのため、アルカリ金属ほどイオン化しやすくもなく、酸素ほど電子を強く引きつけもしません。
　こうした性質から、周りの原子との電子のやりとりによって、いろいろな結合をします。

ホウ素の電子配置

　現在、簡単に説明できる「原子核のまわりの電子の状態」は、その存在確率の分布に規則性があることから「電子がある軌道を移動している」かのように見立てたものです。
（実際には時間の消費を伴う「移動」ではなく、あくまで「確率分布」です）

　原子に最も近い電子の存在確率は、ある距離に非極性（つまり球殻状）に分布します。
　これを**1s軌道**と呼びます。

　その次に近い電子の存在確率は、球殻状の「2s」と、x、y、zの2方向に極性をもつ「2px」「2py」「2pz」に分布します。
　2sより、2px〜2pzのほうが少しエネルギーの高い状態です。

　これ以上原子核から離れると複雑になるので、言葉で説明できるのはこのくらいです。
　これらの軌道に電子は2個ずつ入ることができるので、最も小さい水素が1sに電子1個で、1sから2pzまで2個電子が入った原子番号10のNe（ネオン）まではこのように説明できます。

＊

　ホウ素は原子番号5ですから、電子は全部で5つです。
　1sに2個、2sに2個で、2p（x、y、zに区別はありません）のどれかに1個入ります。

しかし、ホウ素は自然界に単体で存在するには不安定なので、酸素や水素、水などと化合物を作って存在します。
このとき、他の原子との関係で、電子状態はいろいろと変わります。

スライムを作るときは、ホウ砂またはホウ酸と重曹を水に溶かすので、だいたいpH9のアルカリ性になります。
この環境では、ホウ素は4つの水酸イオンと結合します。
この仕組みを2段階に分けて考えましょう。

＊

まず、**図1-1-8**のように、反応に関与する2sの2個と2pのどれか（便宜上2pxとしてあります）の1個の電子が、3個の水酸イオンと電子を共有するために配置を変えます。
図1-1-8で、共有状態が分かりやすいように、ホウ素と水酸イオンで電子の色を変えてありますが、実際はエネルギー状態はみな同じです。

図1-1-8の状態では、一つの軌道があります。
そこに、水酸イオンのうちの酸素が、自分の持っている電子を2個与えます。
これで**図1-1-9**のように、**図1-1-8**とはまたエネルギー状態の違う、4個の等価な軌道ができます。

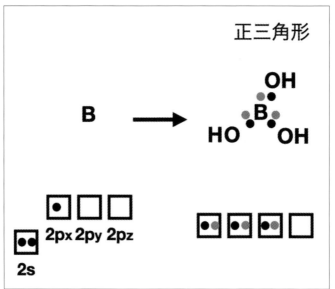

図1-1-8　ホウ素の電子状態から、水溶液中で水酸イオンと反応した電子状態になる①

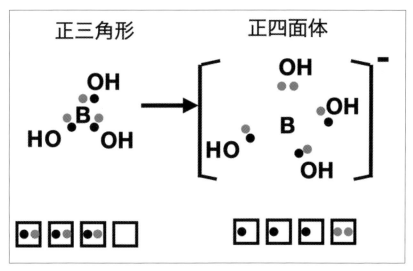

図1-1-9 ホウ素の電子状態から、水溶液中で水酸イオンと反応した電子状態になる②

＊

　電子同士には電気的反発力があるので、生成した軌道では、互いが最も離れた状態、つまり**対称形配置**をとります。

　そのため、図1-1-8の状態では平面正三角形、図1-1-9の状態では正四面体となります。

ポリマーの架橋

水素結合と言われている

いよいよ架橋作用の説明です。

「ポリビニルアルコールまたはポリ酢酸ビニルの分子同士が、アルカリ性のホウ酸イオンによって架橋される」という説明として、簡単に用いられているのは図1-1-10のような図です。

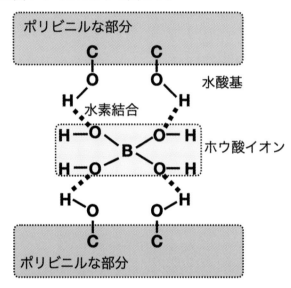

図1-1-10 「ポリビニルアルコールの分子がホウ酸イオンによって架橋される」説明の簡単版

図1-1-5の水酸基のHと、図1-1-8のホウ酸イオンのOとの間が水素結合(図1-1-6)でゆるく結合しますが、重合度が何千という分子ですから結合も何千になり、この水素結合は人の力では容易には切れないような力になる、と説明されます。

*

しかし、スライムが「ホウ砂」からできるとなると、ホウ砂を溶かしてできるホウ酸イオンはそんな簡単なものではない、という説明もなされています。

なぜなら、ホウ砂は図1-1-11のような4ホウ酸ナトリウム10水和物という形だからです。

これが水に溶けてイオンとなり、ポリビニル基との架橋を行なうとしています。

とすると、図1-1-10と比べて、架橋された高分子間はもっと広いことになります。

この架橋部分に水分子がまるごと閉じこめられれば、図1-1-10の説明によるスライムよりもプヨプヨしたものになるでしょう。

どうやって構造を決めるのか

いったい図1-1-10と図1-1-11のどちらの構造が正しいのでしょうか？

スライムの構造を実験的に測定して発表している論文などは、Webで見つかるほど有名ではないようです。

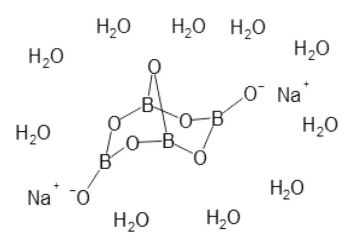

図1-1-11　富士フイルム和光純薬（https://labchem-wako.fujifilm.com）から
製品として販売されている「ホウ砂」の構造

しかし、ホウ酸や高分子の水溶液中での結合形態は、**ラマン分光**などで研究されており、その結果に基づいて推定されていると思われます。

＊

ラマン分光では、分子に光を照射して振動を起こさせ、そのエネルギー変化によって生じる散乱光を分析します。

ガラスを通して水溶液中の分子に適用できるので、生化学などでよく用いられています。

分子の「結合」1個あたりの散乱光は非常に弱いですが、重合度何千という分子がさらに何百万と存在する水溶液全体ですから、精密ではありますが測定できるのでしょう。

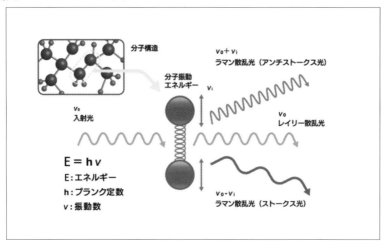

図1-1-12　堀場製作所(https://www.horiba.com)で説明しているラマン分光の原理

スライムの力学特性

非ニュートン流体「ダイラタンシー」

　最後に、スライムの力学的特性についても少しふれておきましょう。

　スライムは**非ニュートン流体**を子どもたちに体験してもらう意味でも面白い実験になります。
　ニュートン流体とは、加えられた応力と変形量が比例する性質をもちます。
　水や空気など、ほとんどの液体や気体の性質です。

　一方、非ニュートン流体には、**応力をかけると変形量が増大する**（粘度が低下）する「**チクソトロピー**」と、逆に**変形量が減少**（粘度が増大）する「**ダイラタンシー**」があります。
　スライムは後者の性質を示し、この性質が「もっちり感」を出しているのです。

1-2 レモン電池から学ぶ電池の仕組み

■hobbyhappy

ここでは電池の仕組みについて、「レモン電池」を例にして解説します。
　レモン電池は、その名の通りレモンが電池になります。
　道具さえ手に入ってしまえば手軽に試すことができる実験のため、夏休みの自由研究としても有名です。
　「レモンが電池になるなんてどういうこと？」と思うかもしれませんが、まず、このレモン電池を作ってみるところから始めてみましょう。

レモン電池を実際に体験してみよう

用意するものは次の通りです（図1-2-1）。

» レモン2個
» 亜鉛板（Zn）3枚
» 銅板（Cu）3枚
» LED1個
» ミノムシクリップ4本

図1-2-1　レモン電池の材料

作り方は、まず、レモン2個をそれぞれ半分に切ります。

次にレモンの切り口に亜鉛板と銅板を挿し、最後にレモン電池とLEDを取り付けます（図1-2-2）。

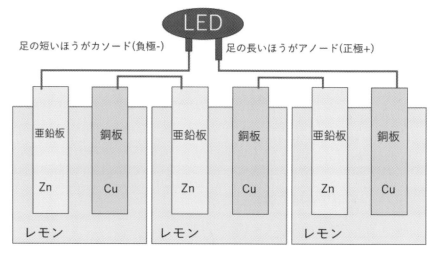

図1-2-2　レモン電池の配線

レモン電池を実際に作ったときの写真がこちらです。

図1-2-3　実際のレモン電池

＊

レモン電池の内部で何が起きているのかは後ほど詳しく解説します。

よく観察してほしいのが、LEDが光っているところです。

弱い光のため、暗いところでよく観察してください(図1-2-4)。

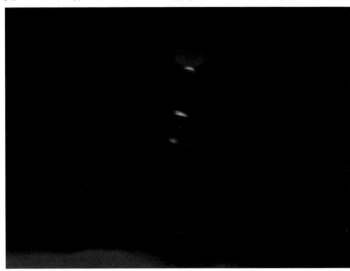

図1-2-4　レモン電池で光っているLED

　通常、電池をLEDにつなげればLEDが電気を消費して光りますが、電池ではなくレモンでLEDが光っています。つまりレモンが電池の役割をしていることが分かりますね。
　レモンが電池になるなんて不思議ですよね？

> ※必ず守ってほしい注意点ですが、この実験で使ったレモンは、実験終了後には**食べずに必ず廃棄してください。**
> 「実験に使っただけでもったいない！」と思いますが、理由はしっかり解説します。
> これだけはしっかり守るようにしてください。

電池の仕組みをおさらい

電池の歴史と原理

　レモンが電池になる理由について理解するうえで、「電池」というものがどんな原理で電気を生み出しているかを理解しておく必要があります。
　電池の歴史も含めておさらいしていきましょう。

＊

　電池が発明される基礎となった現象の発見は1794年までさかのぼります。
　イタリアの物理学者アレッサンドロ・ボルタが、塩水を異なる2種類の金属で挟むと電気が流れることを発見しました。
　この現象を利用したのが**ボルタ電堆**です。
　続いてボルタは、1800年にボルタ電池を発明します。
　このボルタ電池が世界初の**化学電池**(化学反応を使った電池)です。
　ちなみに、このボルタさんは、現代の電圧の単位「V」(ボルト)の名前の由来になっています。

ボルタ電池の仕組み

　前述したとおり、ボルタ電池は世界初の化学電池です。その仕組みは化学反応で説明できます。

＊

　使用しているものは、希硫酸と亜鉛の板、銅の板です。それらを図1-2-5のように設置します。
　ボルタ電池では希硫酸を使っていますが、電極として使っている素材はレモン電池と同じことが分かりますね。

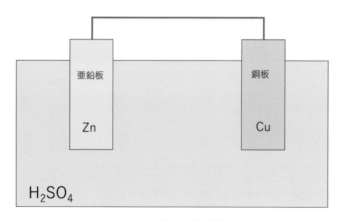

図1-2-5　ボルタ電池の構成

ここでの希硫酸のことを**電解液**と呼びます。

電解液とは電気を通す液体で、電気を発生させる酸化還元反応を起こし、かつ発生した自由電子が電解液には流れないものを指します。

(一口に電解液と言っても分野によって解釈の仕方が異なる場合があります)

では、希硫酸と亜鉛、銅の反応はどうなるでしょうか?

ポイントとなるのは、**イオン化傾向**と、**酸化還元反応**です。

イオン化傾向

イオン化傾向とは、水溶液に金属を浸した状態でイオンを放出する性質の強さを表わします。

「イオンを放出する=水溶液中に溶け出す」と理解してもらえばいいでしょう。

このイオン化傾向の大きい金属は、よりイオンを水溶液中に放出しやすいです。

金属をイオン化傾向の大きさ順に並べたのが、次の**表1**です。

表1 イオン化傾向

Li	K	Ca	Na	Mg	Al	Zn	Fe	Ni	Sn	Pb	(H2)	Cu	Hg	Ag	Pt	Au

←イオン化傾向大(イオンになりやすい)　イオン化傾向小(イオンになりにくい)→

左のほうがイオンになりやすい金属です。

ボルタ電池とレモン電池では、亜鉛(Zn)と銅(Cu)を使っていました。

銅よりも亜鉛のほうがイオン化傾向が大きいため、亜鉛が亜鉛イオンを放出することになります。

あくまで相対的な関係であることに注意が必要です。

酸化還元反応

亜鉛と希硫酸の反応

次に、水溶液中で金属にどんな反応が起きているかを解説しましょう。

まず、亜鉛の板は希硫酸の中でどんな反応をするでしょうか?

＊

亜鉛の化学式はZn、希硫酸の化学式はH_2SO_4です。

反応式は以下の通りです。

$$Zn \rightarrow Zn^{2+} + 2e^-$$

亜鉛がZnイオンに代わり、さらに電子(e⁻)を発生させます。
この電子は、導線でつながった銅板へと移動していきます。
これがポイントです。

銅と希硫酸の反応

次に、銅と希硫酸の反応式は以下の通りです。

$$2H^+ + 2e^- \rightarrow H_2$$

反応式に銅（Cu）が出てきません。銅側の反応は、亜鉛で発生して移動してきた電子が反応したものになります。
（厳密には銅も反応するのですが、主となる反応を示しています）

この反応によって、水素のガスが発生します。

それぞれの反応を合わせる

亜鉛と銅それぞれの反応をまとめて図示したのが**図1-2-6**です。

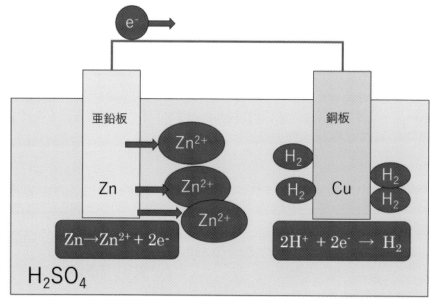

図1-2-6　ボルタ電池の化学反応

電子が亜鉛から銅へと移動していますが、重要なのは**電子の移動方向**と**電気の流れる方向**です。

電子が移動すると、電子の移動方向とは逆方向に電気が流れます。

そのため、銅板にLEDの正極（アノード）を、亜鉛板に負極（カソード）を接続することでLEDが発光します。

また、先ほど説明した電解液の話に少し戻りますが、希硫酸にはZnイオンが溶け出し、かつ自由電子は流れ出しません。

また、Cu側では電子を使って水素を生成しています。電解液の性質がないと、この反応が実現できないことは理解できますね。

■ レモン電池で起きている反応

電池の仕組みが分かったところでレモン電池の原理について解説しましょう。

レモンの場合、電解液はレモン果汁ということになります。では、レモン果汁にはどんな成分が含まれているでしょうか？

＊

酸化還元反応に必要な成分として挙げられるのは**クエン酸**と**リン酸**です。

電解液で必要なのはZnをイオン化させることができる酸であることは、すでに説明した通りです。

Znを溶かす（イオン化させる）ことができれば電気を流せることになります。

クエン酸でもリン酸でも、先ほどの希硫酸と同様の反応が起きています。つまり、

$$Zn \rightarrow Zn^{2+} + 2e^- （負極 -）$$
$$2H^+ + 2e^- \rightarrow H_2 （正極 +）$$

となり、ボルタ電池と同様の反応になります。

さて、ここまでの話を理解できれば、実験で使ったレモンを食べてはいけない理由も理解できたのではないでしょうか？

実験後のレモンには、亜鉛のイオンが染み出しています。

このレモンを食べると、亜鉛が溶け出したレモンを食べてしまうことになるため危険というわけです。

レモン電池で起こっている反応を再現

クエン酸溶液で実験

　レモン電池と同じ反応を起こすためにクエン酸粉末を使って実験をしてみました（図1-2-7）。

　クエン酸は掃除用として粉末が100円ショップなどで手軽に入手可能です。

　電極には、レモン電池と同じく正極に銅、負極に亜鉛を使いました。

図1-2-7　クエン酸溶液で実験している様子

　クエン酸の濃度は、今回は200mlの水道水に2gのクエン酸粉末を溶かしました。

　発生した電圧は1.0V程度となりました（図1-2-8）。

図1-2-8　クエン酸水溶液で得られる電圧を測定

ここで注目なのが銅の表面についた小さな泡です。
この泡は先ほど図1-2-6で解説した水素です。
亜鉛から電子が銅に移動し、その電子とクエン酸水溶液に含まれる水素イオンが合体することで、水素のガスが発生しています(図1-2-9)。

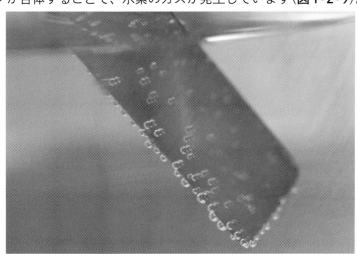

図1-2-9　銅板(正極)に水素ガスが発生

クエン酸の濃度を変えてみる

クエン酸でレモン電池が再現できたところで、電解液であるクエン酸水溶液のクエン酸の濃度を上げたらどうなるでしょうか?実験してみましょう。

先ほどは水200mlに対して2gのクエン酸を溶かしましたが、倍の4gを溶かして同じように実験をしてみました。
この場合の電圧は、先ほどのクエン酸の濃度と同じく約1.0Vでした。
つまり、クエン酸の濃度を変えても電気を作る能力に差がないことが分かります。

レモン電池の電圧はどう決まるか

クエン酸の濃度を変えてみても発生する電圧に差が出なかったのはなぜでしょうか？

実は、電解液の性質よりも支配的な**標準電極電位**というものが関係しています。

*

標準電極電位とは、イオン化傾向の強さを標準状態の水素(1気圧25℃)と比較して数値化したものです。

この標準電極電位は、使う電極の素材によって決まっています。

今回使っている電極は、正極に銅(Cu)、負極に亜鉛(Zn)なので、標準電極電位はそれぞれ、

```
Cu: +0.34[V]
Zn: -0.76[V]
```

となるため、

```
0.34 + 0.76 = 1.1[V]
```

となります(Znは負極なので符号が反転します)。

1V程度の電圧が発生したのは、電解液のクエン酸溶液のクエン酸濃度とは関係なく、標準電極電位が支配的であることが分かっていただけると思います。

大きな電圧を取り出したい場合

標準電極電位が発生させる電圧を決めていると説明しました。

これはつまり、「正極・負極の電極に銅と亜鉛を使っている限り、1.1V程度が最大で、それ以上の電圧は発生させられない」と言えます。

では、もし1.1Vよりも高い電圧を取り出したいときはどうすればいいでしょうか？

答えは「レモン電池を直列につなぐ」です。

直列につなぐことで、単純に倍の電圧を取り出すことが可能になります。

レモン電池を作った際にも、3セットのレモン(電解液)、亜鉛板、銅板を用意して、直列につなぐことでLEDを光らせることができたというわけです。

冒頭の構成では、3個直列にしているので3Vになるのが理想ですが、少し電圧が落ちて2.6V程度になっています(図1-2-10)。

図1-2-10　レモン電池を3個直列接続した状態

【参考文献】

中村のぶ子, 図解まるわかり 電池のしくみ, 翔泳社, 2023年3月6日

第2章
ロボットをガチ解説

この章では、市販のロボットキットの仕組みを詳しく解説します。小さな機体に詰め込まれた、シンプルな構造で目的の動作を実現するための数々の工夫を覗いてみましょう。

CONTENTS

2-1 壁づたいメカ工作セットを徹底解析 ………………………… 34
2-2 ロボットキットの重心移動 ………………………………… 48

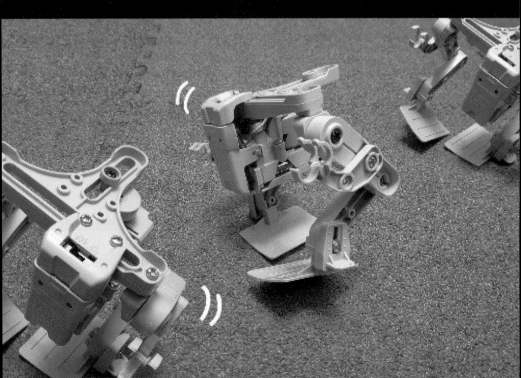

2-1 壁づたいメカ工作セットを徹底解析

■児玉　和基

夏休みの自由研究として人気の高い子供向けの工作キット。
手軽で簡単に作れる一方で、その仕組みまで理解している大人は意外と少ないかもしれません。

そこでここでは、タミヤの「壁づたいメカ工作セット」を使って、「壁に当たったことをどのように感知しているのか？」「どうやって向きを変えているのか？」など、詳しい仕組みについて解説します。

作り方

今回の題材は「壁づたいメカ工作セット（てんとう虫）」です。

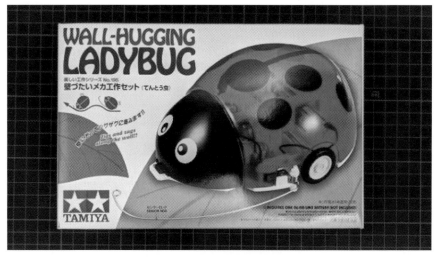

図2-1-1　外箱パッケージデザイン

モータやスイッチなどはあらかじめ配線済みで、ハンダ付けは必要ありません。

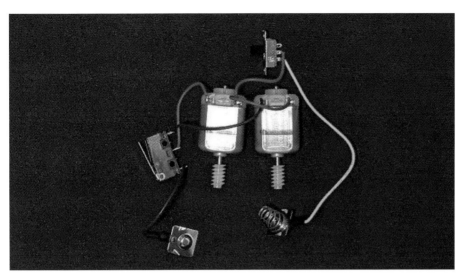

図2-1-2　配線済みのパーツ

パーツをニッパで切り離し、ハメ込むだけで簡単に作ることができます。

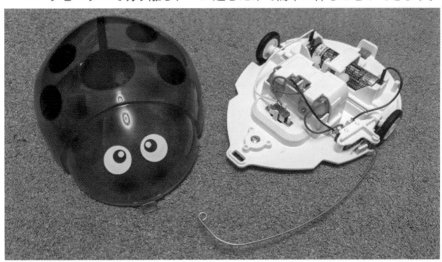

図2-1-3　完成画像

動作の解説

壁づたいに前進する

　電源スイッチをONにすると、てんとう虫が動き出し、センサのある左方向へと走り出します。

　センサが壁にぶつかると、てんとう虫は壁とは反対方向へ向きを変えて走行。

　そして、センサが壁から離れると、また壁方向へと走り出し、壁づたいに前へと進みます。

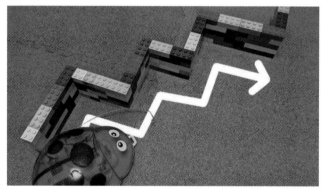

図2-1-4　ジグザグに動く

＊

　このキットの大きな特徴は、左右のモータがそれぞれ独立して動くことです。

図2-1-5　モータBとモータA

センサロッドが壁にぶつかっているかどうかによって、左右どちらか片方のタイヤだけが回る仕組みになっています。

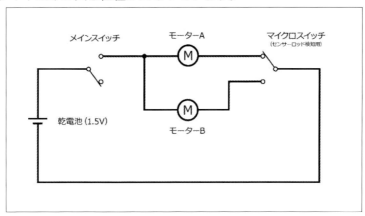

図2-1-6　メインスイッチOFF時の回路図

センサロッドが接触していないとき

　メインスイッチをオンにすると、モータAと電池がつながり、右側のタイヤだけが回転します。
　このとき、モータBと電池はつながっていないため、左側のタイヤは回転しません。

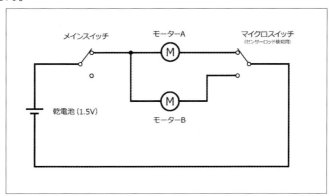

図2-1-7　センサロッドが壁に接触していないときの回路図

センサロッドが接触しているとき

センサロッドが壁に接触すると、センサロッドの根元でスイッチが押し込まれ、モータBと電池がつながり、左側のタイヤだけが回転します。

このとき、モータAと電池はつながっていないため、右側のタイヤは回転しません。

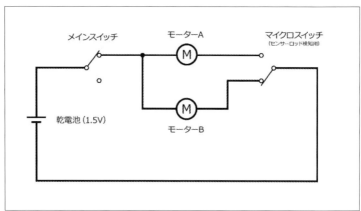

図2-1-8　センサロッドが壁に接触しているときの回路図

＊

この動作を繰り返すことで、てんとう虫は壁から離れたり近づいたりしながらジグザクに進んでいきます。

回路構成パーツ

主な部品

この回路を構成している主な部品は、以下の通りです(図2-1-9)。

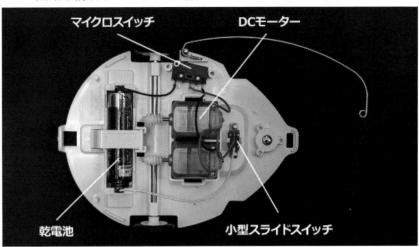

図2-1-9　カバーを外した状態

» 小型スライドスイッチ
　本体底面にあるメインの電源をON・OFFするためのスイッチです。

» マイクロスイッチ
　センサロッドが壁にぶつかったときに押し込まれてONになる「c接点」のスイッチです。

» 乾電池
　モータに電気を供給するための電源です。
　単三乾電池1本(1.5V)が使われています。

» DCモータ
　直流電流で動作するモータです。

第2章

ロボットをガチ解説

c接点スイッチとは？

スイッチには、接点の動きの違いを示す「a接点」「b接点」「c接点」という呼び名があります。

表2-1-1　スイッチ接点の違い

	a接点	b接点	c接点
通常時	OFF	ON	
スイッチ操作時	ON	OFF	

表2-1-2　各スイッチ接点の機能

a接点	スイッチを操作すると回路がつながる
b接点	スイッチを操作すると回路が離れる
c接点	スイッチを操作して、a接点とb接点を切り替える

c接点スイッチは、主に2つの回路を切り替えたいときに使います。

今回の回路では、センサロッドが壁に接触していないときはAのモータがある回路とつなぎ、壁に接触していないときはBのモータがある回路につなぐためにc接点のスイッチが使われています。

40

DCモータとは？

電流の種類とモータ

前述の通り、DCモータは直流電流で動作するモータです。

電流には「**直流**」と「**交流**」の2種類があります。

乾電池から流れるのは直流電流なので、このDCモータが使われています。

表2-1-3　直流と交流の違い

直流	一定方向に流れる電流を直流（蓄電池）
交流	時間とともに一定の周期で流れる方向が変わる電流（家庭用コンセント）

モータ仕様

モータの型番は「**FA-130**」です。

FA-130はタミヤの他の工作キットやミニ四駆にも使われている一般的なDCモータです。

表2-1-4　モータ仕様

動作電圧	1.5V～3V
回転数	1分間に9100回転

このままモータとタイヤを直結してしまうとスピードが速すぎるので、このキットではギヤを使って減速されています。

モータが回転する仕組み

モータは、電気エネルギーを機械エネルギーに変換して回転運動を生み出します。

モータ内部のコイルに電流を流すことで電磁力が発生し、その電磁力とコイルを囲う磁石が引き合ったり、反発したりすることで回転運動が起こるのです。

（モータの詳しい原理については**第3章**で解説しています）

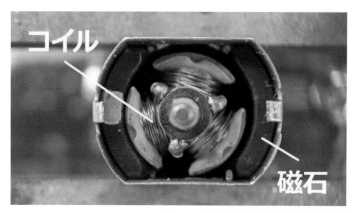

図2-1-10 モータの内部

＊

　今回のキットでは、乾電池から供給される電流をモータに流し、回転運動へと変換しています。

モータが消費する電気エネルギーの量

　では、実際にどれくらいの電気エネルギーが消費されているのでしょうか？

　電流計を使って検証してみました。

図2-1-11 消費電流を計測中

＊

　通常走行時に消費される電流は約100mA〜150mA。
　壁にぶつかってモータに大きな負荷が掛かった場合は、約200mA〜300mAの電流を消費していました。

一般的な単三乾電池の容量を1000mAh（1000mAの電流を1時間流せる容量）と仮定し、モータが消費する電流を300mAで計算すると、以下のようになります。

1000mAh ÷ 300mA = 3.33時間

　理論上では、3時間くらいは動かし続けることができます。

壁のぶつかりを検知する仕組み

センサロッド

壁にぶつかったことを検知する**センサロッド**。

実は、ただの固い針金です。

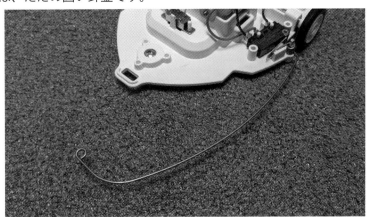

図2-1-12　センサロッド

　この針金は巧妙な形状になっており、壁にぶつかった後もスムーズにすり抜け、スイッチに上手く力が伝達できるように設計されています。
　センサロッドが壁にぶつかると、その力でスイッチを押し込む仕組みです。

　なお、そのスイッチには前述の**マイクロスイッチ**が採用されています。

マイクロスイッチとは？

マイクロスイッチの大きな特徴は、軽い力でも接点の切り替えができること。

針金が壁に触れたときに加わるような小さい力でも、スイッチをONにすることが可能です。

*

使われているマイクロスイッチの型番は、Panasonic製の「**AVL3215**」で、動作に必要な力は「0.59N」となっています。

図2-1-13 マイクロスイッチ

*

「N」（ニュートン）は物体に加わる力の大きさを示す単位です。

重力を加味すると、1Nは約102gの重さに相当するので、0.59Nは、

$$0.59 \times 102g = 約60g$$

となります。

つまり、このマイクロスイッチに約60gの重さがあるものを乗せると、スイッチがONとなります。

ちなみに、Mサイズの卵一個分の重さが約60gです。

ギヤの役割

モータとタイヤの間には2種類のギヤが取り付けられています(図2-1-14)。

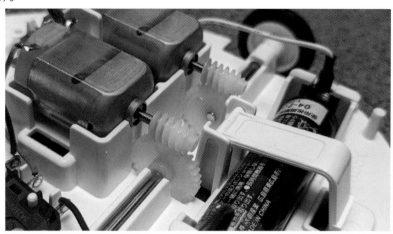

図2-1-14　モータとギヤ

このギヤを組み合わせることによって、「走るスピードの減速」「回転方向の直角変換(モータの横回転 → タイヤの縦回転)」を行なっています。

＊

走るスピードは、**ギヤ比**によって調整されています。
ギヤ比とは、モータの回転数とタイヤの回転数の比率です。

たとえば、モータが100回転したときにタイヤが1回転する場合、ギヤ比は「100:1」となります。
同様に、モータが10回転したときにタイヤが1回転する場合は、ギヤ比「10:1」となります。

＊

モータを100回転にするか10回転にするかは、**スパーギヤ**の歯数で設定します。

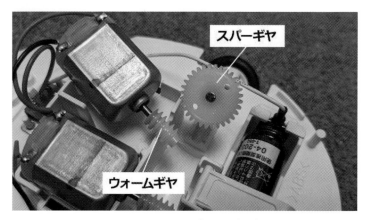

図2-1-15 ウォームギヤとスパーギヤ

　このキットには、32歯のスパーギヤが取り付けられていますが、歯数の多いギヤを準備して交換することで、スピードをさらに遅くしたり、逆に歯数の少ないギヤに変更してスピードを上げたりして使うことも可能です。

表2-1-5　ハイギヤとローギヤの違い

ギヤ比	スピード	トルク
ハイギヤ （歯数が少ない）	速い	弱い
ローギヤ （歯数が多い）	遅い	強い

»ハイギヤ
　モータの回転数に近い回転数をそのままタイヤに伝達するので、走るスピードは速くなります。

»ローギヤ
　タイヤを一回転させるのにモータをたくさん回転させるので、トルクは強くなります。

金属ボールの役割

本体前方部には、金属ボールが埋め込まれています。

図2-1-16　前方部に埋め込まれた金属ボール

　これが**ボールキャスタ**の代わりとなり、360°多方向へスムーズに動くことができます。

　また、当キットはモータの重さで重心が前に傾いていますが、この金属ボールが地面との接触による摩擦を防ぎ、バランスを取っています。

＊

　実際に作ってみると、いかに必要なパーツを減らしてシンプルに構成するかという創意工夫が"ギュっ"と詰まった素晴らしいキットでした。

　ただ作るだけでも充分楽しいですが、「なぜ、こういう造りになっているのか？」と考えながら作ってみると、また違った視点で楽しむことができますね。

2-2 ロボットキットの重心移動

■児玉　和基

テレビなどで、ぎこちなく歩く二足歩行型のロボットを見たことはありませんか？

人間にとって「歩く」という動作は簡単ですが、それをロボットがやるのはとても難しいことです。

その最大の理由が「重心のコントロール」です。

今回はロボットキットを使って、「重心移動の仕組み」や「ロボットが歩く原理」について解説します。

使用するロボットキット

ここで使うロボットキットは「タミヤの楽しい工作シリーズ No.256 重心移動歩行ロボット工作セット」です。

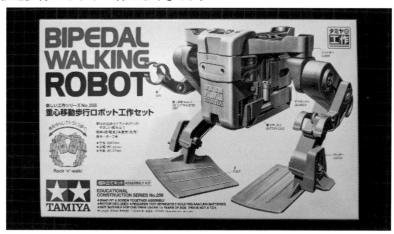

図2-2-1　外箱パッケージ

スイッチをONにすると、胴体を左右に揺らしながら、トコトコと歩くように前へと進みます。

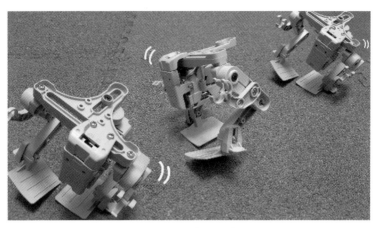

図2-2-2　ロボットの動き

「歩行」と「重心」の関係

「歩く」という動作において、最も重要なのが**重心**です。

重心とは、物体の質量が集中している点のこと。

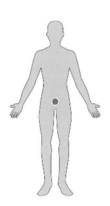

図2-2-3　人間が立っているときの重心の位置

　安定した歩行を行なうためには、この重心を常に適切な位置で支える必要があります。

＊

　人間が歩くとき、まずは片方の足を一歩前に出します。

そのとき、体の重心はその足に移動しています。

次に反対の足を前に出す際には、今度はその足に重心を移動させます。

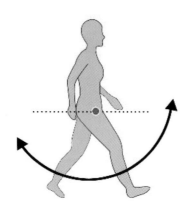

図2-2-4　歩行時の重心の動き

　このように連続的に重心を移動させることで、転ばずに歩くことができます。

＊

　私たち人間は、無意識にこの重心移動をやってのけますが、動きによって変わる重心を的確にとらえるのは、とても難しいことです。

　人間は、筋肉、関節、視覚など、さまざまな部位をコントロールし、とても繊細な重心移動を行なっています。

「ロボットキットの重心移動」と「人間の重心移動」の違い

　今回使うロボットキットも重心移動によって歩行を行ないますが、人間が歩くときに行なう重心移動とは少し異なります。

表2-2-1　人間とロボットの重心移動の違い

人間の重心移動	歩くときのバランスをとるため
ロボットキットの重心移動	片足を地面から浮かせるため

　ロボットキットでは人間のような高度な重心コントロールはできないので、シンプルな構造で歩行させるために重心移動が利用されています。

　ただし、このロボットキットの構造では「平地以外は歩けない」という大きなデメリットがあります。

　デコボコ道ではすぐに転んでしまいますし、障害物を避けたり階段を上ったり、複雑な重心移動が必要なシーンには対応できません。

図2-2-5　転倒したロボット

　もちろん、一度バランスを崩してしまうと、人間のように体制を立て直したり、自分で立ち上がったりすることもできません。

ロボットキットが歩く仕組み

シンプルな歩行システム

このロボットキットは、**テコの原理**や**重力**をうまく利用し、とてもシンプルに歩く構造になっています。

まず、胴体が左方向へスライドすると、反対側となる右足が浮きます。

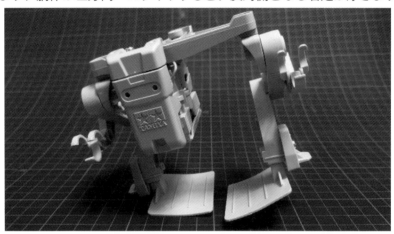

図2-2-6　左へスライドした状態

その後、胴体が右方向へスライドすると、右足は着地し、今度は左足が浮きます。

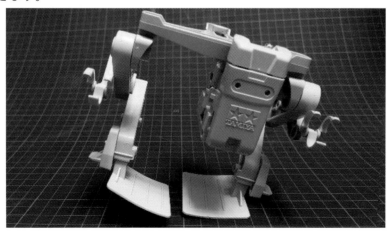

図2-2-7　右へスライドした状態

シーソーのような仕組み

仕組みは、シーソーと同じです。

重心をかけた足が支点となり、胴体の重さで外側に力が掛かることで、反対側の足が浮き上がります。

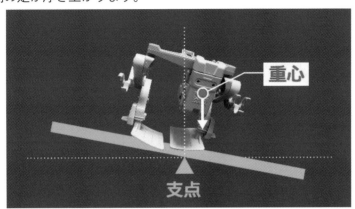

図2-2-8　足が浮く仕組み

また、足が浮き上がった際、「く」の字に曲がった足部分が少し前に出ます。

まるで人間が次の一歩を踏み出すような動きです。

この動きは、足の付け根部分にある関節の軸が、重力による下方向への力によって、わずかに回転することで再現されています。

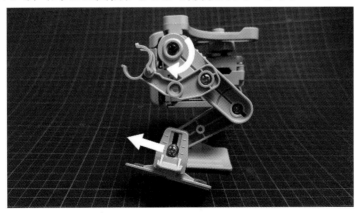

図2-2-9　足が前に出る動き

本体側のフレームは、足パーツをはめこむ部分に対して、やや大きめにクリアランスを取ることで、少しだけ回転するための可動域が確保されています。

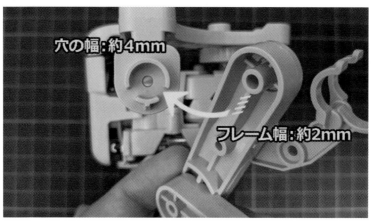

図2-2-10　少しだけ回転する足の構造

「片方に重心が傾くと、もう片方の足が浮いて前に出る」
この繰り返しによって、ロボットが歩き、前へと進んでいくのです。

スライダ・クランク機構

　ロボットキットのスライドする胴体は、**スライダ・クランク機構**を利用しています。

＊

　スライダ・クランク機構は、モータの回転運動を往復運動に変換する仕組みです。

　モータの出力はギヤボックスを通して、ディスク状のパーツ（**クランクディスク**）に伝わります。
　クランクディスクには中心からズレた位置にピン（**クランクピン**）が取り付けられており、このピンがスライダーの縦方向に空いた穴と連結されています。

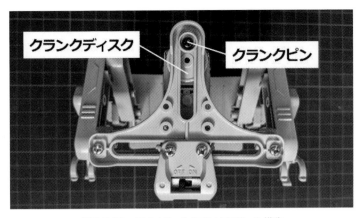

図2-2-11 スライダーとクランクを使った構造

　クランクディスクが回転すると、ピンによって横方向の力が生じ、胴体が左右にスライドします。
　一方、縦方向の力は、ピンが縦の穴に沿って動くだけで、スライドには影響を与えません。

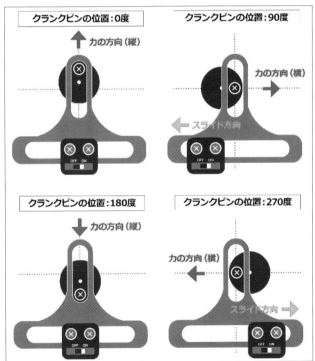

図2-2-12 クランクピンと胴体の動き

電気回路の解説

電気回路は、電池、モータ、スイッチだけで構成されたとてもシンプルな構成です。

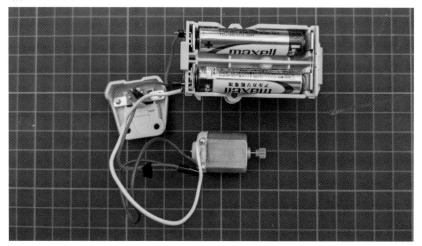

図2-2-13　電池、モータ、スイッチの配線

スイッチを接点がつながっているほうに切り替えると、回路がつながり、モータへと電気が供給されます。

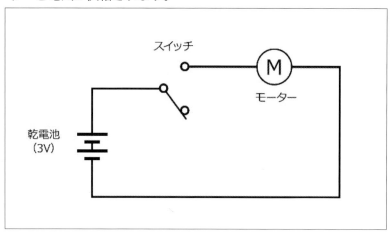

図2-2-14　回路図

モータが回転すると、ギヤへと動力が伝わり、胴体部分のスライド運動がスタートします。

構成パーツの解説

パーツの役割に合わせて工夫が凝らされている

　ロボットキットを構成するパーツは、それぞれとても重要な役割を担っています。

　パーツごとに仕組みや工夫について、詳しく解説します。

図2-2-15　構成パーツの名称

胴体＆ギヤボックス

　胴体と**ギヤボックス**は、重心を司るメインパーツとして一体になっています。

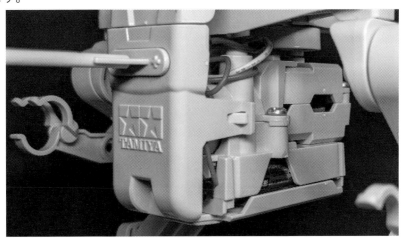

図2-2-16　一体になった胴体とギヤボックス

ギヤボックスの中には、複数のギヤが組み込まれており、歩行速度やトルクの最適化や、横向きのモータの回転を縦向きの動力として伝えるための役割を果たしています。

図2-2-17　ギヤボックスの中身

胴体に取り付けたギヤボックスは向きを変えることができます。
　ギヤボックスの向きが変わると、重心が変わるため、進行方向を「左旋回」「直進」「右旋回」に切り替えることができます。

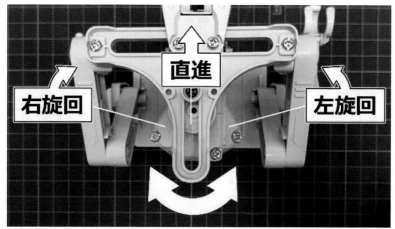

図2-2-18　胴体の向きで変わる進行方向

リミッター

リミッターは、胴体の傾き加減を制限するためのパーツです。

図2-2-19　リミッターの固定位置

　リミッターを高い位置で固定すると、胴体がスライドしたときの傾きが大きくなります(歩幅が大きくなり、早く進む)。

　逆に低い位置で固定すると、傾きが小さくなります(歩幅が小さくなり、ゆっくり進む)。

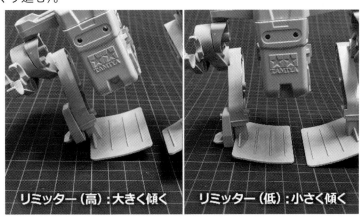

図2-2-20　リミッターの高さで変わるロボットの傾き

　また、リミッターは転倒防止のストッパーの役割も担っているため、高い位置で固定した場合は転倒する確率が高くなります。

足

足パーツは、重心が安定するように接地面積が大きく設計されています。
また、足の裏には滑り止め用のスポンジシールを取り付けてあり、グリップ力を高めています。

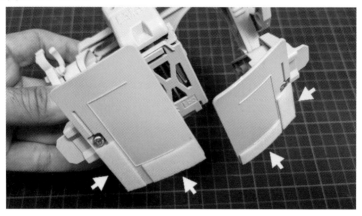

図2-2-21　足の裏に貼られたスポンジシール

手

手のパーツは、持ち手の部分が可動式になっており、物を持たせることできます。

物を持つと重心が変わるので、旋回方向の微調整に使えます。
たとえば、右手に重りを持つと、重心が右に傾くので、右旋回しながら前へ進むようになります。

図2-2-22　重りとなるドライバーを手に持ったロボット

障害物ガイドロッド

　ガイドロッドは、障害物を避けるための取り外し可能なパーツです。

　少し丸みを帯びた形状をしているので、障害物に接触すると、力が左右どちらかに逃げ、ロボットが旋回する仕組みになっています。

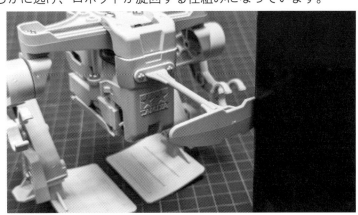

図2-2-23　壁にぶつかるガイドロッド

＊

　最近のロボットは、人工知能や高性能センサを搭載し、スムーズな動きで障害物を乗り越えたり、バク転できたり、人間が走るスピードと同じくらいの速さで走れたりと、驚くほど進化しています。

　一方、今回使ったロボットキットは平らな道を歩くことしかできません。

　しかし、これこそがロボットの原点です。
　歩くことしかできないロボットですが、最新のロボットも元をたどれば、この技術の応用です。

　ロボットの原点に触れる意味でも、このアナログな歩行ロボットキットの作成にチャレンジしてみてください。

第3章

電磁気をガチ解説

電気を使った実験は自由研究のネタ本なら必ず載っている定番中の定番実験です。

しかし、原理について詳しく説明すると理科を通り越して中学校や高校の物理の領域になってくるため、自由研究本ではあまり詳細な解説はされないのが普通です。

本章ではそういった原理について、物理に踏み込んだところまで見てみましょう。

CONTENTS

3-1　コイルモータの仕組み徹底解説 …………………… 64
3-2　熱を電気に変える「熱電発電モジュール」の原理 …… 76

3-1 コイルモータの仕組み徹底解説

■ hobbyhappy

> コイルに電流を流してブランコのように揺らしたり回転させたりすることでモータの原理を体感する実験は、電気関係の自由研究の定番です。
> ここでは、そんな「モータの原理」を詳細に解説します。

モータとは？

モータとは、電気を流すことで、運動エネルギーを発生させる装置です。

身近な例では、扇風機や電気自動車など、電気エネルギーから運動エネルギーを得ているものが数多く存在しています。

日本の電力使用量の半分以上がモータで消費されている[※]ため、日常生活にはなくてはならない存在であると言えるでしょう。

※一般社団法人日本電機工業会「トップランナー モータ」より
---

*

そんなモータですが、ここで重要なのは、モータが「電気エネルギーを運動エネルギーに変換」しているところです。

電気を流すだけで力が発生する原理

●導線の中で何が起きているか？

ここからは、なぜモータは電気エネルギーを運動エネルギーに変えられるかを解説していきましょう。

実際のモータ内部では巻き線が使われていますが、モデルを単純化するために、導線1本の場合で考えてみます。

*

導線は、金属製のものを使っています。

この導線に電気を流したときの状況を考えてみましょう(図3-1-1)。

導線には、**自由電子**というマイナスの粒が入っています。

この自由電子が移動することで電気が流れます。

正確には、電気が流れている=自由電子が一方向に移動している状況です。
電気の流れる方向は、自由電子が移動する方向とは逆になることに注意しましょう。

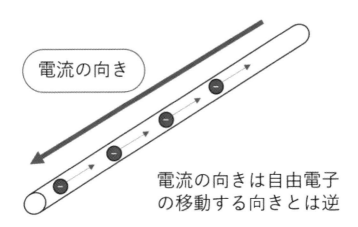

図3-1-1　電気を流したときの導線内部

●導線に電気を流すと磁界が発生

　導線に電流を流すと、導線の周りの円周上に**磁界**が発生します。
　導線を奥行方向に配置して、手前から奥に電気が流れているとすると、図のようになります(図3-1-2)。

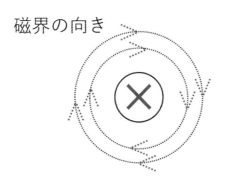

図3-1-2　電流を流した導線の周りに発生する磁界の向き

　このとき発生する磁界の向き、つまり磁力線の向きは電流の方向に対して右ネジを締める(回す)方向です。

これは**右ねじの法則**と呼ばれます。また、発見者の名前にちなんで、**アンペールの法則**とも呼ばれています。

余談ですが、アンペールの名前は、電流値の単位であるアンペア[A]の由来にもなっています。

●磁界の中で導線に電流を流すとどうなるか?

導線に電気を流すと磁界が発生することは説明しましたが、もし外部に磁界が発生しているところで同じことをしたらどうなるでしょうか?

たとえば、上から下へ磁力線が向かっている※とき、導線に電気を流すことを考えてみましょう(**図3-1-3**)。

※磁力線は、N極からS極の方向に向かうことに注意。

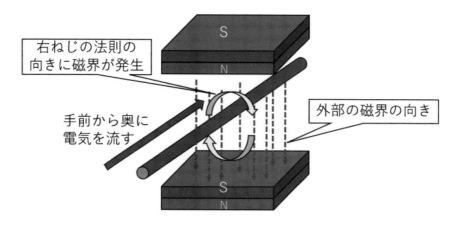

図3-1-3　導線で発生した磁界と外部の磁界

＊

外部の磁界と、導線が発生させる磁界に注目してみると、外部の磁力線に対して、導線の磁力線がどう作用しているかが分かります。

磁気には安定した状態に戻ろうとする作用が働きます。
磁力線が混雑している部分、つまり密になっているところは、磁力線が疎になるような方向に力が働くのです。

この力のことを**電磁力**や**ローレンツ力**と呼びます(**図3-1-4**)。

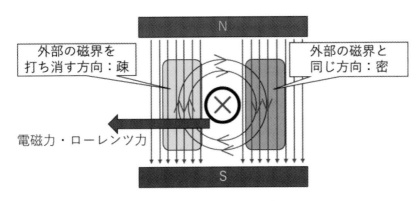

図3-1-4　電磁力の発生メカニズム

　電磁力とローレンツ力の関係は、ローレンツ力は導線に流れている個々の荷電粒子に対して発生する力で、その力の総和が電磁力です。
　つまり、「ローレンツ力の総和が電磁力である」と言えます。
＊
　また、力が発生する向きの覚え方として有名なのが**フレミング左手の法則**です（図3-1-5）。

　左手の中指が「電流の向き」、人差し指が「外部の磁力線の向き」、親指が「発生する電磁力の向き」です。

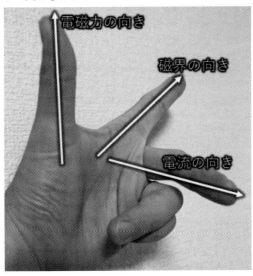

図3-1-5　フレミング左手の法則

●モータを動かしている力の正体は電磁力・ローレンツ力

電磁力が発生するメカニズムが分かったところで、モータに電気を流すことで運動エネルギーに変わる原理について説明します。

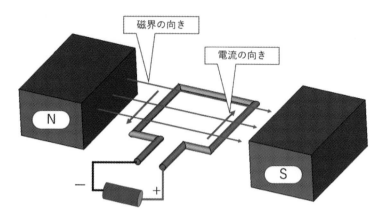

図3-1-6　電磁力を解説するためのモデル

＊

導線には、電源の＋から－方向へと電流が流れます。
まずはS極のまわりの電磁力を見てみましょう（**図3-1-7**）。

S極の周りでは、磁界は右方向、導線には奥へ電流が流れています。この場合の電磁力は、下方向へ発生します。

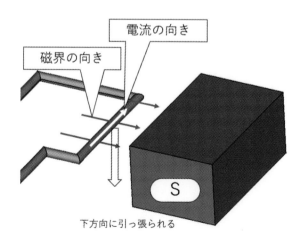

図3-1-7　S極周りの力の作用

次に、N極の周りを見てみましょう。

磁界は右方向、導線には手前へ電流が流れているので、電磁力は上方向に発生します（図3-1-8）。

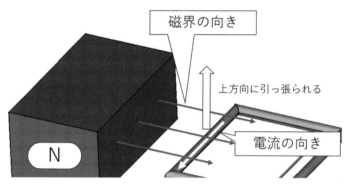

図3-1-8　S極周りの力の作用

S極周辺では下向き、N極周辺では上向きの電磁力が発生するため、コイルが回転運動します。

これが、モータが回転する原理です。

＊

回転することは分かりましたが、そのまま回転していくと最後はどうなるでしょう？

実は、ちょうど90度になったところで停止します。

それは、発生する電磁力が釣り合った状態になるためです（図3-1-9）。

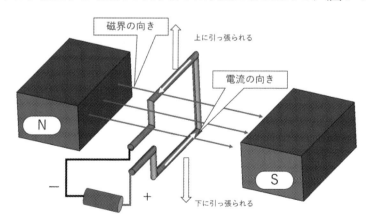

図3-1-9　電磁力が上下方向で釣り合った状態

もし回転方向の慣性力によって勢いで90度を超えた場合はどうでしょうか？

答えは釣り合った状態に戻ります。
磁界に直角な方向に電磁力が発生しますから、どちらにしても回転を妨げる方向に電磁力が発生するためです（図3-1-10）。

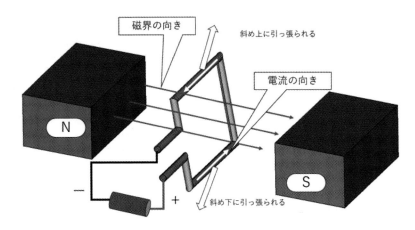

図3-1-10　90度を超えても釣り合う方向に戻る

つまり、勢いで90度を越えたとしても、元に戻されて最終的に90度に釣り合います。

＊

モータは回転し続けないと使い物になりませんよね？
そこで回転させ続けるための仕組みをここで2つ紹介します。

1つ目がコイルの通電部分を工夫することで、回転を妨げる力が発生しないようにして、一方向にだけ回転するようにしたもの。
2つ目が、整流子とブラシを使って転流という仕組みを利用して回転させ続ける方法です。

●コイルの通電部分を工夫

まず、コイルの通電部分を工夫した仕組みを紹介します（図3-1-11）。

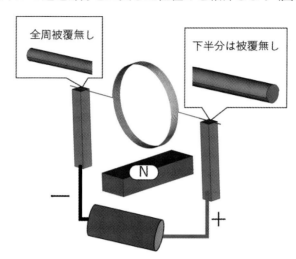

図3-1-11　コイルの右側を半分通電するように工夫

コイルの右側の、下半分は電気が流れるようになっており、上半分は電気が流れないように被覆が付いています。
そして、左側は全周で電気が流れるようになっています。

このようにすることで、先ほどのように90度回転したところで電磁力が釣り合わないように工夫しているのです。
＊
次の図は、各角度のときに発生する電磁力の向きや磁界の向きを右側面から見たものです（図3-1-12〜14）。

0度の状態では、右側面から見ると時計回りに電磁力が発生することが分かります。
電気が流れる方向は、コイルの上端が手前から奥、下端が奥から手前です。

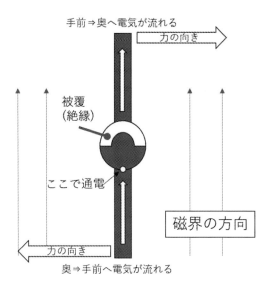

0度の状態
時計回りに回転する方向に電磁力が発生する。

図3-1-12　0度の状態

　コイルの通電部を工夫したことで、90度を超えると被覆のエリアに入るので、ここで通電がストップします。
　つまり電磁力は発生しません。

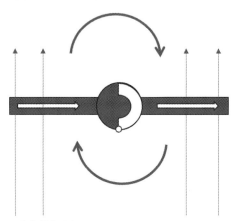

90度を超えると、
被覆が通電ポイントに来るので電磁力は発生しない。
ここから180度は惰性で回る。

図3-1-13　90度を少し超えた状態

270度を超えると、被覆がなくなるので通電が再開されます。すると、また時計回りの方向に電磁力が発生します。

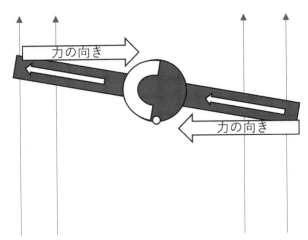

270度を超えると、
再び通電するようになるため、時計回りに回転する
方向に電磁力が発生する。

図3-1-14　270度を少し超えた状態

整流子とブラシ

先ほどは電磁力が釣り合わないように工夫をしましたが、実際のモータでは整流子とブラシを使うことで電流の向きを変えています(図3-1-15)。

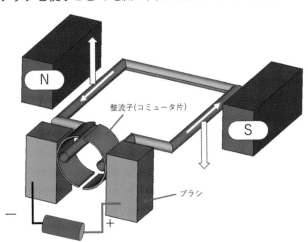

図3-1-15　整流子とブラシを追加した状態

整流子は、2つの**コミュータ片**と呼ばれるパーツからなります。
ブラシは整流子へ電気を流すための台と考えてください。

ポイントとなるのは、2つのコミュータ片の間の隙間で通電が切れるところです。

コミュータ片の隙間で通電が切れると、次のコミュータ片にブラシが接触した瞬間、今度は今まで電気が流れていた方向とは逆の方向に電気が流れ始めます。

この切り替えのことを、転流と呼びます。

転流によって電磁力が釣り合う直前に電気の流れが逆になるので、電磁力はコイルが回転する方向に引き続き発生し続けます。

これが回転し続けられる理由です(図3-1-16〜18)。

0度の状態は、整流子とブラシをつけていない場合と同じ振る舞いをします。

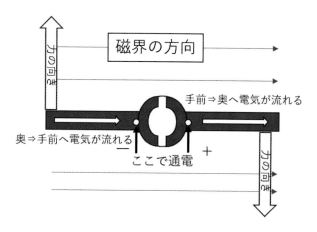

図3-1-16 0度の状態 時計回りに回転する

90度まで回転すると、整流子の隙間に電極が来るので通電がストップします。

そのまま慣性で時計回りに回ります。

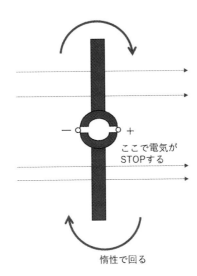

図3-1-17　90度で通電が止まる

　90度を超えると、転流が発生して先ほどまでとは逆方向に電気が流れるようになります。
　すると、また時計回りに回転する電磁力が発生します。

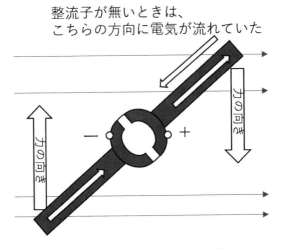

図3-1-18　転流により90度を超えても回転する

　整流子とブラシが無い状態だと、ここでは反時計回りの電磁力が発生していましたが、転流によって回転し続けられるようになっているのです。

3-2
熱を電気に変える「熱電発電モジュール」の原理

■勝田　有一朗

　ここでは、熱によって電気を起こす「熱電発電モジュール」の原理や、その使い方について解説していきます。

熱で発電を行なう「ゼーベック効果」

●熱と電流の相互関係

　金属や半導体などの導体において「熱の流れ」と「電気の流れ」は綿密に関係しており、その結果表われる現象を総じて**熱電効果**と呼びます。

　また、熱電効果を利用する素子のことを**熱電変換素子**とも呼びます。

　熱によって起電力が生じる現象を**ゼーベック効果**と言い、逆に電流によって吸熱や放熱が生じる現象を**ペルチェ効果**や**トムソン効果**と言います。

　今回は熱電発電モジュールの解説なので、熱から起電力を生じるゼーベック効果が主役です。

●ゼーベック効果とは

　ゼーベック効果は、1821年に物理学者トーマス・ゼーベック氏によって偶然発見されました。ゼーベック氏は金属棒の内部に温度勾配があるとき、金属の両端に電位差が生じることを発見したのです。

　これをゼーベック効果と呼びます。

　また、2種類の金属からなるループを作り、その接点に温度差を設けるとループに電流が流れる、つまり起電力が生じるということも発見しました。

　この2種類の金属からなるループを**熱電対**と呼び、そこで生じる起電力を**熱起電力**と呼びます。

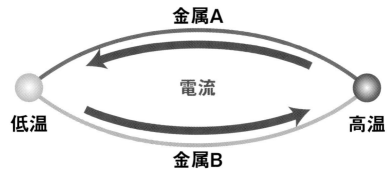

図3-2-1 異なる金属の両端を接合したループ（熱電対）で、接合部分を加熱および冷却するとゼーベック効果により起電力が生じる

＊

　金属の片側を熱して温度勾配を作ると金属にはその温度差に比例した電圧が発生するのですが、温度差に対して生じる電圧の大きさの比は金属によって異なるため、異なる金属同士の接点部分で電位差が生じます。
　この電位差によって流れる電流が熱起電力の正体です。

　温度差と電圧との比は各金属固有であり、その比例定数を**ゼーベック係数**と呼びます。

●ゼーベック効果で得られる熱起電力の大きさ

　上記のループ回路の冷点側の端を開放して電圧を測定することで、ゼーベック効果による熱起電力を測れます。

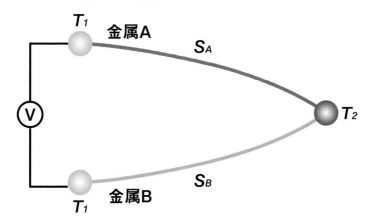

図3-2-2 熱電対の電圧を計測

そのときの電圧は次の式で表わせます。

$$V = \int_{T_1}^{T_2} \big(S_B(T) - S_A(T)\big)\, dT$$

S_A、S_B：金属 A、B のゼーベック係数

T_1、T_2：2 つの接点の温度

図3-2-3　ゼーベック効果で生じる熱起電力の計算式

　測定温度範囲でゼーベック係数が一定であると見なせるならば、次の式のように近似化できます。

$$V = (S_B - S_A)(T_2 - T_1)$$

図3-2-4　ゼーベック係数を一定と見なした場合の熱起電力近似式

　この式から、2種類の金属のゼーベック係数の差が大きいほど、そして接点両端の温度差が大きいほど、熱起電力も大きくなるということが分かります。

半導体ならより大きな熱起電力を得られる

●正と負のゼーベック係数

　先の計算式から、2種類の金属のゼーベック係数の差が大きいほど大きな熱起電力を得られることが分かりました。

　では、もしゼーベック係数に正と負があれば、その組み合わせでゼーベック係数の差はもっと大きくなると思いませんか？

＊

　実は金属の代わりに半導体を用いることで、正と負のゼーベック係数による最強のゼーベック効果を起こせるのです。

　ゼーベック係数の正負は伝導体における主な電荷キャリアの種類で決まるのですが、半導体の場合は次のような関係となります。

表3-2-1　半導体における主な電荷キャリアの種類

p型半導体	主な電荷キャリアは「正孔」、ゼーベック係数は「正」。
n型半導体	主な電荷キャリアは「電子」、ゼーベック係数は「負」。

したがって、p型半導体とn型半導体を組み合わせることで高効率な熱起電力が得られるのです。

●半導体を用いたゼーベック効果の仕組み

p型半導体とn型半導体によるゼーベック効果を得るには、2つの半導体をπ字型に組み合わせた回路を作成します。

＊

上辺（p型とn型の接点部分）を熱して下辺を冷却すると、p型の上辺では正孔が熱エネルギーを得て動きやすくなります。n型でも同様に上辺の電子が熱エネルギーを得て動きやすくなります。

そして、エネルギーを得た正孔と電子はエネルギーの低い下端へと移動していきます。

結果としてp型は正孔が下に移動したので上側の見かけ上の電子が多くなり、n型は上側で電子が少なくなります。

ここで生じた電位差によって大きな電流が流れるというわけです。

また、半導体の熱起電力はキャリア密度にも左右され、ドーピングを調整してゼーベック効果に適した半導体を探す研究も行なわれています。

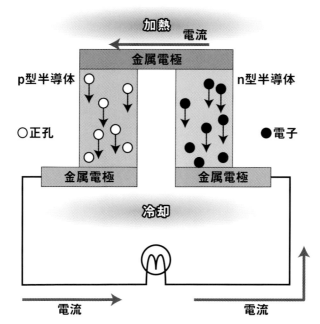

図3-2-5　π字型に組み合わせたp型とn型の半導体内で加熱による正孔と電子の移動がそれぞれ発生し、結果として熱起電力が生じる

●直列接続でさらに大きな熱起電力を

上記の半導体によるπ字型の回路は、金属電極を介して数珠つなぎに増やしていくことができます。

直列に回路をつなげればつなげるほど、より高い電圧を得られるようになるというわけです。

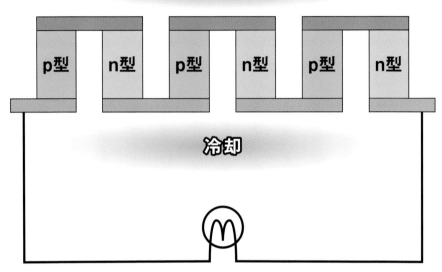

図3-2-6　多数の半導体をつなげていくと、より強力な熱起電力を得られる

＊

そして、この構造は電流によって吸熱と放熱を行なうペルチェ素子と全く同じものでもあります。

ゼーベック効果とペルチェ効果は表裏一体とされており、この回路に加熱と冷却をするとゼーベック効果が、電流を流すとペルチェ効果が発現します。

したがってゼーベック効果を体験したい場合は、ペルチェ素子を購入すればOKということになります。

ゼーベック効果の応用例

　以上がゼーベック効果の基本的な仕組みとなります。

　基本的にゼーベック効果は他の発電方法と比較して低効率とされていますが、それでも小型軽量、静音性、耐久性、環境負荷の低減といった魅力があり、さまざまな分野での利用が進んでいます。

　そんなゼーベック効果の応用例をいくつか見てみましょう。

»温度センサ
　熱電対を用いた温度センサは広範囲の温度を正確に測定可能で耐久性も高いです。

»熱電発電
　工場や発電所などから排出される排熱をゼーベック効果で電力に変換します。

»ウェアラブルデバイス
　スマートウォッチなどを体温による熱電発電で充電できるようになります。

»宇宙探査機
　太陽光発電が効かない深宇宙探査では、放射性同位体熱源の熱からゼーベック効果で電気を得ています。

»IoTデバイス
　センサノードが置かれている環境の温度を発電に用いることで、メンテナンスフリーで長時間利用可能なIoTデバイスとなります。

＊

　以上、極端に大きな熱が発生する場所や、他に発電の代替手段がない場合、低発電量でも問題ない用途などから利用先は広まっていると感じます。

ゼーベック効果を体験してみよう

●用意する機材

ここからは、実際にゼーベック効果を体験する実験について紹介していきます。

＊

実験で使用する素子や部品、電子機器は次のとおり。

ペルチェ素子

今回用意したのは型番「TEC1-12706」というペルチェ素子です。

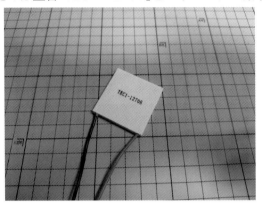

図3-2-7　ペルチェ素子

ヒートシンク

ペルチェ素子の両面をサンドして固定できるタイプを用意。

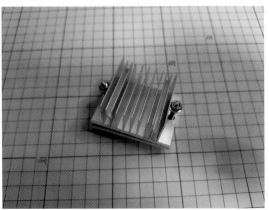

図3-2-8　ヒートシンク

熱伝導グリス/シート

ペルチェ素子とヒートシンクの密着に用いる熱伝導グリス/シート。

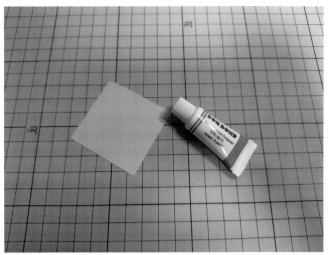

図3-2-9　熱伝導グリス/シート

直流電圧計(マルチメーター)

ゼーベック効果で生じた電圧を測るのに用います。

図3-2-10　直流電圧計(マルチメーター)

負荷(モータや電球など)

「FA-130マブチモータ」を用意しました。

モータにペットボトルキャップを接着し、ペットボトルをモータの台座として利用できるように加工しています。

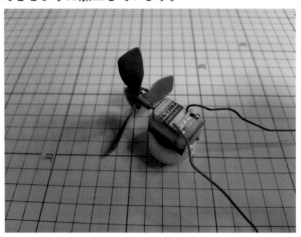

図3-2-11　負荷(モータや電球など)

その他配線など

ミノムシクリップのついた配線を使います。

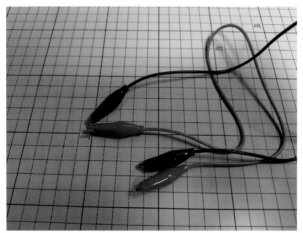

図3-2-12　その他配線

●体温発電を体験

ペルチェ素子の片面にヒートシンクを取り付けて、配線の先に電圧計を接続します。

図3-2-13　ペルチェ素子にヒートシンクを取り付け、配線に電圧計を接続

ヒートシンクの反対側の面に手のひらを乗せると、ゼーベック効果が発生し電圧を検出します。人間の体温でも敏感に反応してゼーベック効果が起きることを確認できるでしょう。

なお、電圧がマイナスで検出された場合は電圧計の接続を逆にすればOKです。

ペルチェ素子に表裏はなく、加熱する面によって電流の方向が変わるだけなのでこのような動作になります。

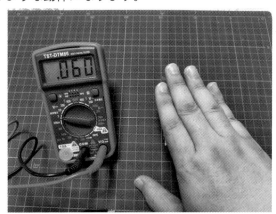

図3-2-14　人間の体温程度でも敏感に反応。ただし電圧は「約0.06V」とごくわずか。

●もっと大きな電力を取り出してみる

　ゼーベック効果による熱起電力を大きくするには、加熱と冷却の温度差を拡げなくてはなりません。
　そこで皿に張った熱湯と保冷剤を使います。今回は負荷としてペルチェ素子の配線の先にモータも接続してみました。

図3-2-15　ペルチェ素子の配線にモータと電圧計を並列接続

　保冷剤をペルチェ素子の上面に設置し、水没しきらないように注意してヒートシンク側を皿の熱湯に浸します。
　すると、電圧が一気に上昇し始め、モータが回りだしました。

　ただ、今回の実験では冷却側が全然足りず、数十秒で熱が冷却面に回り込んで電圧が落ちてしまいます。もっと密着できる冷却方法が必要そうです。
　ぜひ皆さん考えてみてください。

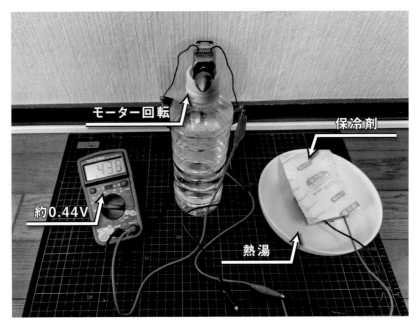

図3-2-16　保冷剤を載せた状態でヒートシンク側を熱湯に浸す。「最大約0.44V」の電圧を確認できた。

●さらに大きな電力が要るなら……増やす！

　今回、熱湯と保冷剤を用いることで「約0.44V」の電圧までは確認できましたが、それでも"たったこれだけ？"と思ってしまいます。

　ここからさらに大きな電力を取り出すためには、ペルチェ素子をさらに増やして直列接続するしかありません。
　ペルチェ素子を増やした分だけ高い電圧が得られるのです。

●ペルチェ素子を扱う際の注意点

　最後に、実験でペルチェ素子を扱う際の注意点を紹介していきます。

》セラミックは割れやすい
　ペルチェ素子を覆うセラミックはあまり頑丈ではないので、乱暴な取り扱いや、強すぎる圧迫などは避けるようにしましょう。

》ペルチェ素子がはみ出ない大きさのヒートシンクを用意
　ヒートシンクの台座部分からペルチェ素子がはみ出ていると、熱が回り込み効率が落ちてしまいます。

» 配線の極性と冷却面／放熱面との関係をしっかり把握

　ペルチェ素子には表裏がないため、配線のプラスマイナスを逆にすると冷却面と放熱面が入れ替わって動作します。軽い電圧をかけてみて、極性と冷却面／放熱面の関係を確認しておきましょう。

　乾電池の「1.5V」程度の電圧でも冷却面と放熱面の違いはしっかり分かります。

» ペルチェ素子を動作させるときは、必ずヒートシンクを

　上記の「1.5V」程度のテスト動作であれば、ほぼ問題はありませんが、放熱面にヒートシンクなしで定格一杯の電圧をかけると自身の熱で壊れてしまう可能性が高いです。

» 最大電圧・最大電流は必ずチェック

　ペルチェ素子を動作させる場合はデータシートを確認し、最大電圧・最大電流のどちらも超えないように注意しましょう。

実験は面白いが、実用性は……？

　以上、熱電発電モジュールで用いられるゼーベック効果について紹介してきました。

　ゼーベック効果自体はとても興味深く、特に体温程度で敏感に電力を取り出せるのは面白いと思います。

　ただ、発電効率が低いため、実際に何かに利用しようとなると難しいのも事実です。

　どちらかと言えばペルチェ効果のほうが実用性も高いので、ゼーベック効果の実験が終わった後はペルチェ効果で何かできないか考えてみるのもいいでしょう。

第4章
いろいろな力をガチ解説

　前章で扱った電磁気以外にも、地球上にはさまざまな目に見えない力が働いています。
　本章ではそういった、さまざまな力の中から「空気の圧力」と「音」にまつわる実験を取り上げて解説します。

CONTENTS

| 4-1 | ヘロンの噴水はなぜ動くのか | 90 |
| 4-2 | 「音」とは何か | 104 |

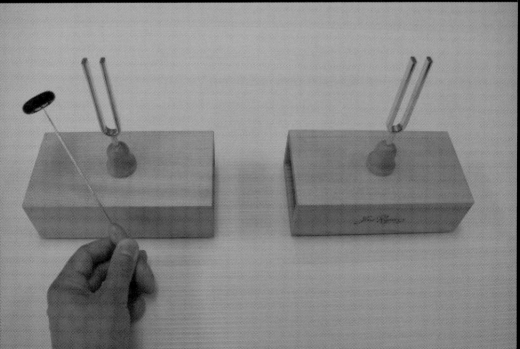

4-1
ヘロンの噴水はなぜ動くのか

■勝田　有一朗

夏休みの自由研究にピッタリな工作の1つとしてヘロンの噴水を紹介します。

ヘロンの噴水を作ってみよう！

ヘロンの噴水とは？

　ヘロンの噴水は、上部から少し水を供給すると動き始め、以後は自ら噴き出した水を自身に供給することで動き続ける無動力の噴水システムです。

　無動力なのに電動ポンプを使っているかのように連続稼働するところが不思議で面白い装置で、ペットボトルなどのありふれた材料で作ることができます。

材料と工具など

材料

- »500mlペットボトル
  3本用意。
- »ビニールホース
  内径5mmのもの。長さ80cmものと30cmのものを用意。
- »ストロー
  ペットボトル用の250mm長のものを1本用意。

　ペットボトルは炭酸飲料のものが強度も強く望ましいです。同形状を3本分用意します。ここでは3本のペットボトルをA〜Cと呼称しています。

工具

- »ハサミorカッター
- »ホットボンド(グルーガン)
- »ハンダゴテ
- »小型ラジオペンチ
- »多用途瞬間接着剤
- »セロテープなど

　ホットボンドは、グルーガンという工具で溶かした樹脂によって接着するものです。シーリングに用います。

　ハンダゴテはペットボトルの穴開けに使います。火傷に注意し、充分な換気の下で作業してください。

手順
ヘロンの噴水の作成手順

1 ペットボトルAを3分割する

　ペットボトルAは頭の部分、円筒部分、お尻の部分と3分割に切り離します。お尻の部分は使いません。

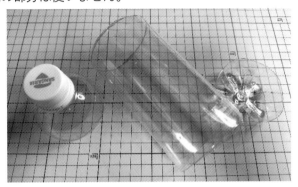

図4-1-1　1本のペットボトルを3分割

2 ビニールホースを通す穴を開ける

　ペットボトルBの側面上側、ペットボトルCの側面上側と180度反対側の側面下側にビニールホースを通せる穴を開けます。

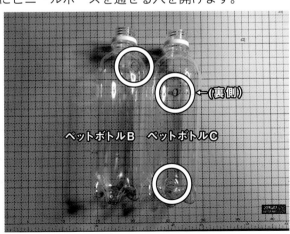

図4-1-2　ビニールホースが通る穴を形成

3 ペットボトルを合体させる

切り離したペットボトルAの胴体部分を接ぎ手として、ペットボトルB を上、Cを下に合体させます。

その際、ペットボトルCのキャップは閉じておいてください。

ペットボトルCの上側の穴と、Bの穴が同じ方向に向くよう調整し、全体が真っ直ぐになっているのを確認してテープで固定します。

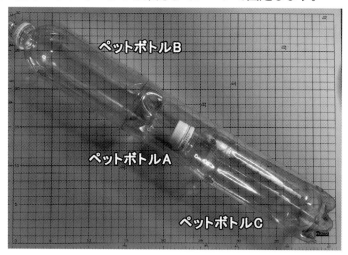

図4-1-3　1本に合体

4 ストローを通す穴を開ける

2つのキャップの中心にストローを通せる穴を開けます。

なお、キャップの裏側が二重蓋のようになっている場合は空気漏れの原因となるので、裏蓋は剥がしておきます（小型ラジオペンチなどでつまんで引っぺがせます）。

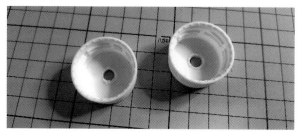

図4-1-4　キャップの中央に穴を開ける

5 キャップを接着する

穴を開けたキャップを背中同士で重ねた状態でストローを通し、キャップだけを瞬間接着剤でつなげます。

その後、ストローの先が5cmほどハミ出る位置で、ストローとキャップを固定してホットボンドで接着します。

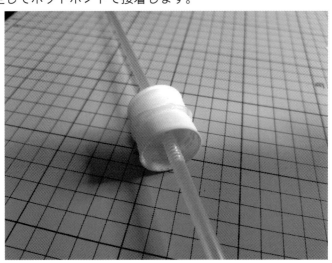

図4-1-5　キャップにストローを通しホットボンドで仕上げ

6 ペットボトルAに穴を開ける

ペットボトルAの飲み口付近にビニールホースを通せる穴を開け、先に作ったキャップを用いてペットボトルAの頭とペットボトルBを飲み口同士で合体させます。

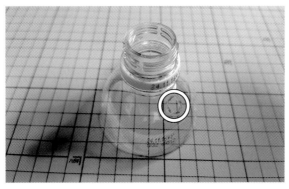

図4-1-6　ペットボトルAの飲み口付近に穴を開ける

7 ペットボトルをビニールホースでつなぐ

　ペットボトルAの穴とペットボトルCの下側の穴を80cmのビニールホースでつなぎます。完成後もペットボトルAを取り外せるように、長さに余裕をもたせています。

　ペットボトルBの穴とペットボトルCの上側の穴は30cmのビニールホースでつなぎます。
　ビニールホースの接合部はホットボンドで念入りにシーリングしましょう。

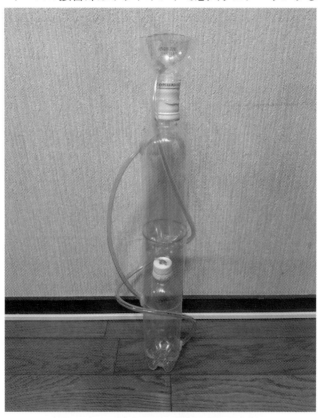

図4-1-7　ビニールホースを各所に接続して完成

ヘロンの噴水の動かし方

　以上の工程でヘロンの噴水が完成します。

　実際にこのヘロンの噴水を動作させるには、次の手順で進めます。

手順
ヘロンの噴水の動作手順

1 水を溜める

上部の受け皿から水を注ぎ、ペットボトルCに水を溜めます。

2 装置の向きを逆にする

装置全体を逆さまにして、ペットボトルCからBへ水を移動させます。

3 装置の向きを戻す

ペットボトルBに水が充填されたら装置を元の向きに戻し、受け皿へ少しずつ水を加えていきます。

4 水が噴き出す

ストローの先端から噴水が出始めます。
一度噴水が出始めたら、水を供給しなくても噴水が出続けます。
噴水が止まったら、**手順[2]**から繰り返すことで再びヘロンの噴水が動きます。

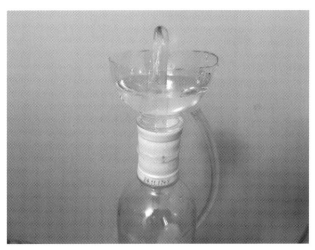

図4-1-8　風呂場などで動作を確認しよう

うまく動作しないときは？

ヘロンの噴水でいちばん失敗しやすいポイントは**漏水**と**空気漏れ**です。

シーリングが甘くないか、ペットボトルの蓋の閉め方が甘くないかなどを再確認してみてください。

ヘロンの噴水の仕組み

噴水が噴き出すまでの順序

ヘロンの噴水がどのようにして動いているのかは、受け皿に注いだ水がどのように作用していくのか順を追って考えると分かりやすいです。

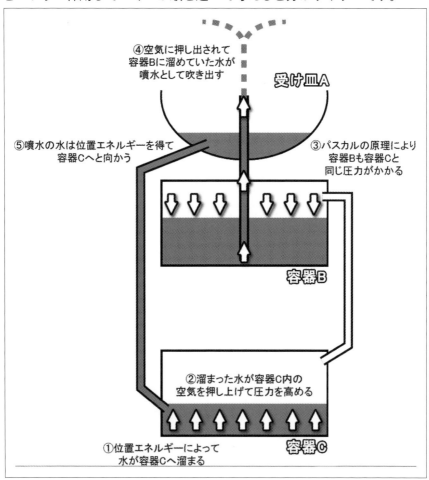

図4-1-9　ヘロンの噴水模式図

ヘロンの噴水を模式図に起こすと（**図4-1-9**）のように表わせます。

この図のように注いだ水が容器Cに溜まると、容器Cの空気に圧力がかかります。

そして、**パスカルの原理**によって容器Cとつながっている容器Bの空気にも同じ圧力がかかり、その圧力で容器Bの水面を押し下げます。

その押し下げる力によって、容器Bから管を通って水が噴水として噴き出すのです。

噴き出した水は受け皿Aに溜まり、その水が再び容器Cへ落ちることでヘロンの噴水は連続的に動き続けます。

しかしながら、ヘロンの噴水は永久には動きません。

図を見れば一目瞭然ですが、容器Cに溜まった水は上側の容器Bへ移ることはありません。

つまり、あらかじめ容器Bに溜められていた水が全て噴き出てしまうと、ヘロンの噴水は停止してしまうのです。

噴水が受け皿Aの水面より高く上がる理由

ヘロンの噴水は外部動力もないのに最初に水を注いだ地点よりも高い位置まで噴水が上がります。

一見するとエネルギー保存の法則が破れていそうですが……？

＊

ヘロンの噴水のポイントは「装置内に複数の水面がある」という点です。

ヘロンの噴水の動力源は受け皿Aの**位置エネルギー**で、受け皿Aと容器Cの落差で生じる力が噴水を押し上げる力になります。

受け皿Aと容器Cの水面間の落差をh_1、容器Bの水面から噴水出口の距離をh_2とすると、「$h_1 > h_2$」であれば、その差の分高い噴水が噴き出ます（**図4-1-10**）。

（実際は、噴き出る高さは摩擦などの損失によって理論値より下がります）

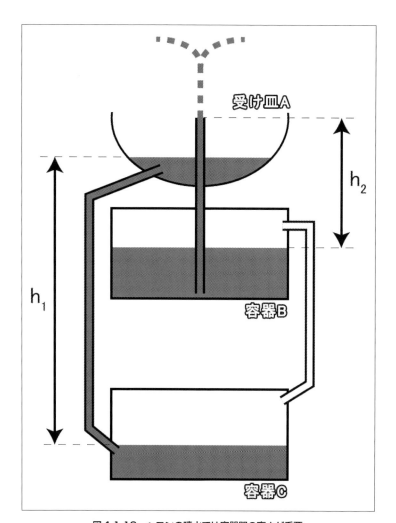

図4-1-10　ヘロンの噴水では容器間の高さが重要

　本来、同じ高さまでしか押し上げられないところを、パスカルの原理によって空気圧として高い位置の容器B水面へ伝達することで、容器Cと容器Bの高さの差分だけ噴水を高く噴き出せるようにしたものが、ヘロンの噴水の正体です。

噴水をもっと高くするには？

　容器Bと容器Cの高さの差分が噴水の高さになるということは、容器Cをさらに低い位置へ離すことができればもっと高い噴水を上げられます。

　ただ、それだと装置がとても縦長になってしまうため、実際に作ってみるにはいろいろと不便があります。

　そこで別の解決方法として挙げられるのが、「容器BとCを横に複数連結する」という手法です（図4-1-11）。

　連結させて水の落下を複数回行なえば累計の落差エネルギーが溜まり、最終的にとても高い噴水を噴き上げられるという寸法です。

　このような構造の工作にもぜひチャレンジしてみてください。

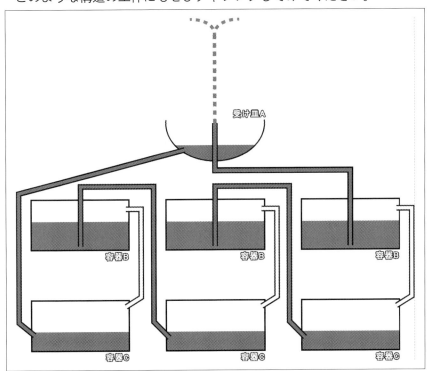

図4-1-11　容器BとCのセットを連結すると噴水が強力に

サイフォンの原理との関係性

現象がとても似ているサイフォン

さて、ヘロンの噴水というと**サイフォン**との類似性がよく語られます。

サイフォンで使われる**サイフォンの原理**は、"水で満たされた管を用いることで、外部動力がなくとも水面より高い場所を経路として別の低い場所へ水を移動させられる"というものです。

身近なものでは灯油ポンプがサイフォンの原理を用いています。

本来ありえなさそうな、「外部動力もなしに初期の水面より高い位置に水を持っていける」というところが、ヘロンの噴水と同様の匂いを感じさせます。

＊

実際のところ、ヘロンの噴水にサイフォンの原理が直接使われているわけではありませんが、どちらも動作原理には似た部分があります。

ここではサイフォンの原理についても少し触れておきましょう。

管内の圧力差で動作するサイフォン

サイフォンの原理を簡単に模式図化すると（**図4-1-12**）のようになります。

サイフォンで上水槽から下水槽への水の流れが生じる理由については、管の頂上の左右（P_1、P_2）の圧力を求めることで説明できます。

ここでは管の出口を塞いで静止状態とした際のP_1、P_2を考えます。

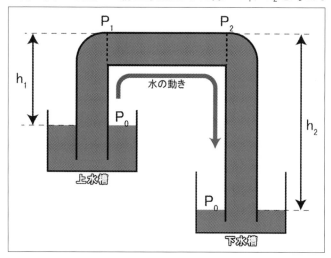

図4-1-12　サイフォンの原理の模式図。P_1、P_2の圧力差が重要。

まず、水中の圧力は深いと高くなり浅いと低くなるという性質をもちます。

したがって、水面より高い位置にある管の中の圧力は常に大気圧より低い状態となり、次の式で表わされます。

$P_1 = P_0 - \rho g h_1$

$P_2 = P_0 - \rho g h_2$

P_0：水面位置の大気圧

ρ：液体密度

g：重力加速度

h_1、h_2：それぞれの水面からの高さ

水面位置の大気圧からそれぞれの側の管の高さ分の重さによる力を差し引いたものが、P_1、P_2の圧力ということを表わしています。

※大気圧は数10cm〜数m程度の高度差では充分無視できる違いなので同じとします。

ここで、管の長さは「$h_1 < h_2$」であることを考えると「$P_1 > P_2$」となり、管の右側（P_2）のほうが圧力が低いということが分かります。

圧力の高低差があると、それを補うように高いほうから低いほうへ力の向きが発生するので、サイフォンの管内では「左側から右側へ向かう力」が生じます。

この圧力差による力の向きと上水槽の水がもつ位置エネルギーによって、サイフォンは動作すると考えられています。

＊

圧力差と位置エネルギーで動くサイフォンは、ヘロンの噴水とも似ていますね。

水の移動を突き詰めていくと、結局はこの2要素に行き当たるということかもしれません。

昔は大気圧が原動力と考えられていたが……

サイフォンの原理と言うと "大気圧が水面を押すことで高い位置を経由した水の移動が行なわれる" という説が長年主流となっていたため、今でもそのように覚えている人も多いかもしれません。

その説の間違いは2010年にオーストラリアの物理学者スティーブン・ヒューズ氏によって指摘されました。

現在は特殊な液体を用いたサイフォンが「大気圧0」の状態でも動くという実験も行なわれたので、水の移動に関わる主な要因は圧力差と位置エネルギー（重力）にあり、大気圧は関係ないとする説が有力と思われます。

＊

ただ、サイフォンが動作するのに大気圧が不要というわけではありません。

大気圧は水の動き自体には関与しませんが、管の中に水を留めておくためにとても重要です。

たとえば先の管内の圧力の式を思い返すと、

$$P_2 = P_0 - \rho g h_2$$

とありましたが、圧力とは必ず「正の値」でなくてはならないため、大気圧 P_0 がなくなると破綻してしまいます。

さらに言うなら「$P_0 > \rho g h_2$」という関係も常に守らなくてはならず、必然的に h_2（管の高さ）には限界が設定されます。

1気圧下における h_2 は「最大約10m」とされており、高くなるほど圧力 P_2 がゼロに近付きます。

圧力がゼロに近付くと管内の水はキャビテーションを起こし急激に蒸発し始め、サイフォンの動作を保てなくなるのです。

＊

というわけで、大気圧はサイフォンの原理の原動力ではないですが、管内に水を留め、管を持ち上げられる高さの限界にも影響を与えることが分かりました。

サイフォンを使った装置にも面白いものがたくさん

　ヘロンの噴水のついでにサイフォンの原理についても触れてみましたが、いかがでしたでしょうか。

　世の中にはサイフォンの原理を用いた装置が沢山出ていて、その仕組みを調べると感心することが多くあります。
　自動的に水位を調節する**オートサイフォン**などを作ってみるのも面白そうですね。

【参考文献】

「サイフォンのしくみ〜流体力学入門〜」
https://www.youtube.com/watch?v=ckH7ZzlLrgk

「サイフォンの原理、あるいは「重力」も「大気圧」も同じくらいガサツ - あらきけいすけの雑記帳」
https://arakik10.hatenadiary.org/entry/20100517/p0

4-2 「音」とは何か

■ ささぼう

皆さんは「無音」の空間を経験したことはあるでしょうか？
完全なる無音となると、ほとんどの方は経験がないと思います。どんなに静かな部屋でも、耳をすませば車の音や風の音、機械のブーンという動作音など、何かしらの音が聞こえてきます。それほど私たちにとって「音」は身近なものなのです。
ここでは、そんな音の世界の科学を実験とともに紹介します。

なぜ音が鳴るのか？

音の発生の仕組み

「音」はそもそも何から生まれるのでしょうか？
その発生の仕組みを実験で探ってみましょう。

実験1 音を見る

自宅でも簡単に作れる道具を使って、音を見る実験（次ページ参照）をしてみましょう。

用意する物

- » 金属ボウル
- » 黒いビニール袋
- » 食塩
- » メガホン（なくてもOK）
- » ビニールテープ
- » ハサミ

図4-2-1　用意するもの

手順
音を見る実験手順

1 ビニール袋を貼る

金属ボウルに黒いビニール袋を貼ります。固定にはビニールテープを用いましょう。

図4-2-2　ボウルにビニールを貼る（ピンと張るのがコツ）

2 食塩を撒く

ビニール袋に食塩を撒きます。なるべく均一になるようにすると成功しやすいです。

図4-2-3　ビニールに食塩を撒く

3 声を出す

メガホンを塩に向けて、大きな声を出しましょう（恥ずかしがらないのがコツです！）

図4-2-4　動いた食塩が模様になった

音の正体とは？

音を発生させているのは**振動**です。

何かが振動すると、通常はその周りには空気が満ちているので、その動きによって空気も押されたり、引かれたりします。それによって、空気は押し縮められたり、引き伸ばされたりするのです。

押し縮められると空気は密になり、引き伸ばされると疎になります。このような「空気の粗密の変化」が音の正体です。先ほどの実験でも、空気の粗密がビニール袋を振動させて、食塩を動かしていたというわけです。

もし振動しているものと、私たちの間に空気がなければ、音は伝わりません。音を伝えるものは空気でなくても良いのです。
たとえば水中でも音は聞こえます。アーティスティックスイミング（旧称ではシンクロナイズドスイミング）のプールには、選手用に水中スピーカーが設置されているそうですよ。

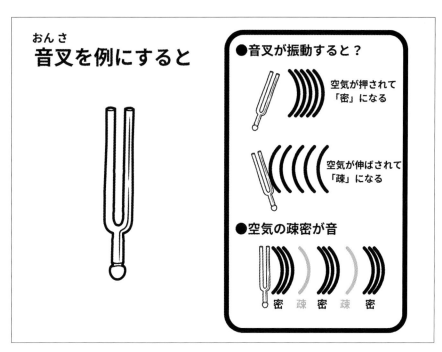

図4-2-5　音が発生する仕組み

音の高さが変わる仕組みとは？

高い音と低い音の違い

　音には「高いと感じる音」と「低いと感じる音」があります。一般的には女性の声のほうが高い音ですよね。その違いは何によって決まるのでしょうか？

実験2　ワイングラスで演奏！

　グラスハープを知っていますか？
　ワイングラスで簡単に（少し練習が必要）できる実験です。この実験を通して、音の高さの秘密を探ってみましょう。

用意する物
　»ワイングラス（数本）
　»水（水道水でOK）

＊

　グラスに水を入れ、濡らした指でフチを軽く擦ります。

図4-2-6　グラスのフチを擦る（力加減が大事）

　水を入れる量を変えると、音の高さが変わります。
（水が多い→音が低い　水が少ない→音が高い）

なぜ音の高さが変わるのか？

　音の高さを決めるものは**周波数**です。
　周波数とは、「1秒間に振動している回数」のこと。これは**Hz（ヘルツ）**という単位で表わされます。周波数が高い（振動数が多い）と高い音になり、周波数が低い（振動数が少ない）と低い音になります。

　一般的に人間が耳で聞くことのできる周波数はおよそ20〜2万Hzです。
　ちなみに、犬は16〜12万Hz、猫は30〜6万5千Hzと言われています。すごいですね。

音を大きくするためには？

音の大きさと振動

　どの楽器にも、振動させる部分があります。しかし、それによって生まれる音は決して大きいものばかりではありません。
　音を大きくするためには、どのような仕組みがあるのでしょうか？

実験3　離れた場所の音叉を鳴らす

音叉を使った簡単な実験を紹介します。

用意する物

同じ音階の音叉を2本（箱付きのもの）

図4-2-7　箱付き音叉

*

音叉を向かい合わせにして置きます。

この状態で片方の音叉を叩くと、もう一つも鳴ります。

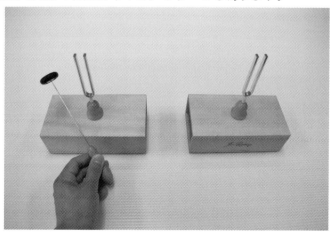

図4-2-8　片方の音叉を叩くともう片方も鳴る

なぜ離れた音叉が鳴ったのか？

片方から出た音(振動)が、もう片方の音叉を叩くためです。

この実験では同じ音叉を使っているため、振動しやすい周波数が一致しています。そのため、音による力がとても小さいにも関わらず、離れた音叉が鳴りだしたのです。

この現象を**共鳴**と言います。この現象が起こるのは、物質によって固有の震えやすい振動数(周波数)があるからです。

共鳴によって、音を増幅することができる。

この実験に使った音叉には、**共鳴箱**という箱が付属しています。
音叉によって生まれたわずかな振動(音)を、箱の天板に共鳴させることで、より多くの振動を起こすことができます。その結果として、音が増幅されるのです。

多くの楽器も、共鳴によって音が増幅されています。
たとえばギター。ギターのボディは空洞になっていますよね。この空洞が共鳴箱の役割を果たしているのです。

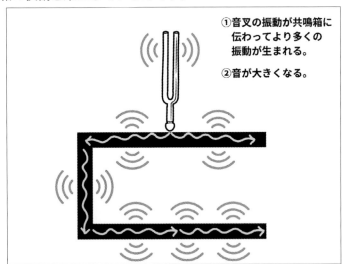

図4-2-9 共鳴箱の仕組み

簡単に作れる！音で遊べる工作

実験1の原理で音の振動を可視化できて、楽しく遊べる工作を紹介します。その名も、「ビーズダンサー」です！

図4-2-10 完成品（左）と遊んでいる様子（右）

用意する物

- プラスチックコップ2個
- 紙コップ
- ビーズ（細かいもの）
- ビニールテープ

図4-2-11 用意するもの

手順
ビーズダンサーの作成手順

1 切れ込みを入れる

　紙コップにカッターで6cm程度の切れ込みを入れ、ハサミで切って穴をあけます。

図4-2-12　紙コップに穴を開ける

2 底を切り取る

　プラスチックコップの底を切り取り、[1]の穴に入れます。

図4-2-13　プラスチックコップの底を抜く

図4-2-14 紙コップの穴に入れる

3 ビーズを敷いてフタをする

　紙コップの底にビーズを敷き詰め、切ったプラスチックコップでフタをします。
　ビニールテープでフタを固定したら完成です。

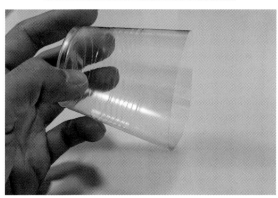

図4-2-15 ビーズを撒いてフタをする

図4-2-16　完成

*

　目には見えないけれど身の回りにあふれているのが「音」。そこにはとても興味深い科学が潜んでいるのです。

　「音」の科学は楽器で素晴らしい演奏をしたり、反対に騒音対策にも使われたりしています。もっと深堀りしてみると面白いでしょう。
　興味が出てきたらぜひ調べてみてください。

第5章

電子部品をガチ解説

自由研究や自由工作でも高度なものになると、電子部品を配線して回路を作るような「電子工作」の領域に踏み込むことがあります。

そこで本章では、電子工作でよく使われる部品であるLEDや基板の仕組みについて解説します。

CONTENTS

5-1	電子工作の定番発光デバイス LED	116
5-2	プリント基板はどう作られるか	127

5-1 電子工作の定番発光デバイスLED

■ nekosan

LEDを中心に、電子工作で用いられる発光装置について、使い方や発光の原理などを眺めていきます。

さまざまなシーンで利用されるLED
●高輝度青色LEDによって広がった用途

LEDは、従来の**タングステン球**（白熱電球）、**ニキシー管**、**蛍光灯**などと比較して低消費電力で、また、比較的低電圧で扱えます。

そのため、制御が比較的容易で、**Arduino**などの各種マイコンからも容易に扱える発光デバイスです。

特に、初期のLEDから実用化されている**赤色LED**は、電化製品のパイロットランプなどに広く利用されてきました。

さらに、2014年にノーベル物理学賞を受賞した**高輝度青色LED**の発明によって、RGB（赤・緑・青の三原色）の各色を高輝度で発光できるようになりました。

これによって、白色や電球色など、さまざまな演色の照明も作れるようになったのです。

図5-1-1　調光・調色が可能なパナソニック製LEDシーリングライト「HH-CF1485A」

従来、リビングルームのシーリングライトなどでは、広く蛍光灯が使われてきました。
　しかし、少量ながら水銀が用いられており、いわゆるSDGsの考え方には合わないため、蛍光灯は近い将来に市場から退場する見込みです。

　そして、それをLED照明が代替していくことになりそうです。

● LEDが使われているところ
　身の回りでLEDが用いられているシーンを挙げてみましょう。

　電化製品に電源が入っていることを示すパイロットランプや、道路の青・黄色・赤の交通信号、リビングルームの照明、自動車のヘッドライトやテールランプ、ノートPCやスマホのバックライト……といった具合に、最近の「光るデバイス」でLEDを見ない日はほとんどありません。

　従来の、自動車のヘッドライトや、家庭用照明の裸電球のようなタングステン球は、**フィラメント**を高温にすることで光を発します（後述の黒体放射）。

　また、電球はそれ自体ある程度の大きさが必要です。
　これは、広い空間を照らす照明の目的としては何の問題もないのですが、クルマのヘッドライトのような用途では、デザイン（意匠）の選択肢を狭めてしまいます。

図5-1-2　細いLEDヘッドライトのホンダシビック（ホンダ社webサイトより）

一方でLEDは、低消費電力であることに加え、1個1個の発光面積が小さいため、「細長い形状で光るヘッドライト」などといった、凝った意匠にも利用できます。

*

また、電灯のような用途では、もともと点灯／消灯の切り替えはあまり急峻である必要はありませんでした。

そのため電圧印加のオンオフのみで制御され、明るさはフィラメントの温度変化によって緩やかに変化し、ゆっくり点いたり消えたりします。

一方、LEDの場合、点灯／消灯は、LEDに流れる電流に対して即時に反応します。

そのためLEDは、従来の電灯のような一定の明るさの「オンオフ照明」としてだけでなく、目に見えないごく短時間に点灯／消灯を繰り返すことで、「明るさを無段階に調整」したり、さらには、複数色のLEDを混合させて「演色を好みに切り替える」ことも可能です。

またLEDは、赤外線～可視光線～紫外線まで広い範囲をカバーしているため、従来の発光デバイスは、その多くがLEDに置き換えが可能と言えます。

LEDの使い方

●LEDを光らせる回路と制御方法

電子工作のシーンで、LEDをどのように制御するのかを見ていきましょう。

*

LEDは、**Light Emitting Diode**（光る半導体・**ダイオード**）の名前の通り、半導体でできています。

もう少し細かく言うと、**p型半導体**と**n型半導体**を組み合わせたダイオードなのですが、それらの各半導体を「いい感じに光る」ように材料を調合したものがLEDとして用いられます。

なお、p型・n型の半導体を組み合わせたデバイスのため、LEDには極性があります。

また、調合する「半導体の素材」によって、さまざまな波長で発光することになります（デバイスによりいろいろな色で発光）。

その際、素材ごとに、電気を流したときに生じる電圧変化（順方向電圧降下＝Vf）は異なります（小さいほうが省電力）。

たとえば、赤色LED・橙色LED・黄色LEDでは1.5〜2V程度ですが、緑色・青色・白色LEDでは3〜3.6V程度といった具合です。

さらには、気温など動作環境によってもVfの値は異なります。

●LEDを簡単に光らせる回路

パイロットランプや、ちょっとした電子回路のインジケータのように、なんらかの情報を表わす「単純な点灯／消灯」程度なら、必要な電力は微々たるものです。

こうした用途の場合、「LEDのVf」がほぼ一定であることを利用して、次のように**電流制限抵抗**と組み合わせた回路を用います。

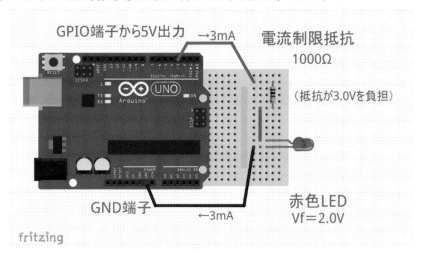

図5-1-3　ArduinoのGPIO端子で赤色LEDを点灯

Arduinoなどの一般的なマイコンは、汎用入出力端子（GPIO）から10〜20mA程度を出力することが可能です。

例として、5V動作のArduinoで、Vfが2.0Vの赤色LEDを光らせる場合を考えてみます。

ArduinoマイコンのGPIO端子から5Vを出力して、赤色LEDに3mA流すとすると、LEDで降下する電圧 (Vf=2.0V) を電源電圧の5Vから引いた値 (5.0 - 2.0 ≒ 3.0V) を、電流制限抵抗側で電圧降下するように調整します。

その際、LEDと抵抗は直列接続のため、同じ量の電流が流れます。そのため、**オームの法則**によって、抵抗値は、

> 3.0V ÷ 3mA = 1000 Ω

と計算することができます。

● 複数のLEDの制御

一般的なマイコン制御の電子回路では、LEDを1個だけでなく、たくさんのLEDを組み合わせて使うことが多いでしょう。

たとえば、1列に並べたLEDを用いて「レベルメーター」のように使ったり、「日の字型 (7セグメント) 表示器」で数字を表示したり、縦横に敷き詰めて「LEDマトリクス」として用いる、といったケースです。

その際、制御に用いるマイコンの出力端子の数には限りがあるため、1個1個のLEDを、個別にマイコンのGPIO端子で制御するのは現実的ではありません。

図5-1-4　74HC595でLEDマトリクスを制御]

このような場合、通常は外部のICを組み合わせることによってGPIO端子を拡張します。

たとえば、表示データをマイコン側のシリアル通信端子（2〜3本程度）からシリアル出力し、そのシリアルデータを外部IC側でパラレル変換して、1個1個のLEDを制御するといった方法です。

ICチップの74HC595は「シリアル→パラレル変換機能」をもった汎用ロジックで、扱いが容易で安価なので、こうした用途で広く用いられています。

●高輝度LEDを扱う際の問題

上記のような、小さい電流でLEDを光らせる場合には、消費電力や発熱については、あまり問題になることはないでしょう。

しかし、電流制限抵抗による制御は、抵抗で電力が消費される（熱として捨てられる）ため、エネルギーが無駄になります。

加えて、回路の温度変化なども考慮すると、安定性といった観点でも好ましくありません※。

※制限抵抗の値はある程度大きく設定しておかないと、電流が安定しにくい。

また、照明用LEDのような高輝度LEDを、大電流で光らせるような場合、タングステン球や蛍光灯ほどではありませんが、LED自身もそれらの数分の一程度は電力を消費し、発熱します（しかもLEDに用いられる半導体は熱に弱い）。

その際、大きく問題になるのは「抵抗を使う」という制御方法です。

抵抗に電流を流すと、オームの法則（E=IR）や**電力の公式**（P=EI）によって、電力は熱となって消費されます。

なおLEDは、抵抗とはメカニズムが異なりますが、LEDに電流を流す際に上記のVf（順方向電圧Vf）の分だけ電圧降下が生じ、電力が消費されます。

その消費電力は、電力の公式によって、降下する電圧（E）と流れる電流（I）の掛け算で計算できます。

●高輝度LEDの制御

電源電圧が多少変動しても輝度を一定に保ちたい場合や、高輝度LEDのように大電流が必要な場合には、電流の量を監視しながら能動制御する**定電流駆動方式**を用います。

加えて、大電流を扱う場合には、電流制限抵抗の代わりに、**インダクタ（コイル）**を用いた回路も多く用いられます。

インダクタ自体は「電力を消費しない」ので、電力効率を高めることが可能なためです。

たとえるなら、電流制限抵抗による制御は、水道の蛇口から常に少し多めの水を出しておいて、そのうち必要な水だけを消費し、余った分は捨ててしまうという方式です。

制御方法は単純ですが、この余剰分をギリギリにしてしまうと、動作があまり安定しません。

一方、インダクタを用いた制御では、水道の蛇口を高速かつ断続的に全開／全閉に切り替えて量を調整し、インダクタで平滑化することで、LEDがいい感じの明るさで光る、といった制御を行ないます。

インダクタはそのオンオフによる脈流（変動）を緩衝（平滑化）する役割を担っているのです。

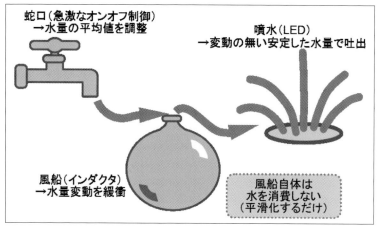

図5-1-5　インダクタによる電流制御を「水流」でたとえたイメージ

図5-1-5は、LEDのVfよりも電源電圧が高い場合に**降圧動作**を行なう回路の場合です。

逆に電源電圧のほうが低い場合は、インダクタを用いて**昇圧動作**を行なう回路もあります。

*

ただし、このようなインダクタを組み合わせた高輝度LEDの制御を実際に行なう回路は少し難解です。

そのため、ディスクリート部品の回路（トランジスタなど個々の部品の組み合わせ）で構築せず、専用の制御ICを用いることが一般的です。

図5-1-6　秋月電子で販売されているLED制御IC「NJW4617DL3」（日清紡マイクロデバイス）

●放熱とセットで設計する

しかし、そのような専用の制御ICを用いていても、実はLED自体も発熱します。

その熱は、場合によっては無視できないレベルとなるため、何らかの対策が必要です。

一般的な照明用のLEDは、白色かそれに近い演色のLEDなので、電圧降下は3～3.6V程度と考えられます。

そのLEDに数A程度……たとえば、2Aの電流が流れると仮定すれば、消費する電力は6～7.2W程度になります。

これは、近年のノートPCのCPUが低負荷時に発熱する量と同じくらいの熱量です。

この熱処理について考慮しておかなければ、発熱で部品や回路が壊れたり、焼損する恐れがあります。

＊

熱への対策は、1つには放熱しやすい素材を用いた材料で構成するという方法、別の観点では、1個1個のLEDの負担を小さくしつつ、たくさんのLEDに分散させるという方法があります。

たとえば後者は、最近の細長い蛍光灯型のLED照明機器で見ることができます。

細長い蛍光灯型のLED照明機器では、たくさんのLEDが一列に並べられた形状となっていて、1個1個のLEDが負担する消費電力を小さくし、かつ、照明機器全体の光量を確保していると見ることができます。

また前者は、プリント基板の素材（母材）にアルミなどの熱伝導性が高い金属を用いたり、放熱フィンを組み合わせるなどすることによって、効率的に放熱できる設計を考えておくということです。

図5-1-7　秋月電子のパワーLED用のアルミ製プリント基板(秋月電子)

発光の原理

●発光現象のメカニズムはさまざま

LEDをはじめ、身の回りには発光するデバイスがいろいろ存在します。
LEDに関する発光を中心に、発光現象のメカニズムを眺めてみましょう。

●黒体放射

物体の温度を高くしていくと、温度の上昇に伴って自ら光り始めます。
鉄を火にくべると真っ赤に光ったり、太陽などの恒星が光るのも、タングステン球が光るのも、この**黒体放射**によります。

黒体放射による光は、温度によって色が変わります。
3,000℃程度だとオレンジ、5000℃で黄色、7000～10000℃では白から水色といった感じです。

低い温度では主に赤外線だけで、徐々に温度を上げると、赤や黄色といった波長の光が加わります。
そこから温度が上がるにつれて、さらに緑、青、紫、紫外線、X線……といった具合に、どんどん短い波長の光が加わっていきます。

このように、黒体放射は幅広い波長の光が混ざっているのが特徴です。

●フォトルミネセンス（FL）

物体に光が当たった際に、そのエネルギーをいったん吸収し、吸収した光よりも波長が長い光を放つ場合があります（青い光を受け取って黄色や赤い光を放つなど）。

こういった現象を**フォトルミネセンス（FL）**と呼び、このような性質をもつ物質を**蛍光体**と言います。
近年実用化が進んできた白色LEDは、発光しているLED自体は青色ですが、その周囲に配置した蛍光体が黄色く発光するため、青と黄色の光が混ざって白色に見えているわけです。

また、2023年にノーベル賞を受賞した、**量子ドット**を用いた**量子ドットディスプレイ**は、この量子ドットを蛍光体に使用することで、明るさや鮮やかさ、省電力性を実現しています。

●カソードルミネセンス(CL)

カソードルミネセンス(CL) は、物体に電子を照射したときに発光する現象です。

ブラウン管が光る原理として応用されてきました。

光が物質に当たったときに電子が飛び出す現象を**光電効果**と言いますが、その逆過程の現象です。

なお、光電効果はソーラーパネルなどに利用されています。

これを顕微鏡に応用すると、光学顕微鏡よりも高い解像度が得られるため、電子顕微鏡などにも応用されます。

●エレクトロルミネセンス(EL)

物体(半導体)に電圧をかけると発光する現象を**エレクトロルミネセンス(EL)** と言います。

「LED」「有機EL」をはじめ、「半導体レーザー」などにも利用されています。

白色LEDは、このELと、上記のFLを組み合わせた技術と言えます。

5-2
プリント基板はどう作られるか

■本間　一

電子機器で使われる基板は、絶縁体の板に銅配線が乗っていて、その配線に電子部品が取り付けられています。

基板を作るときに、銅配線はエッチングという加工方法によって形成されます。

プリント基板とパターン
●プリント基板とは?

　PCや家電など、あらゆる電子機器の内部には、電子部品を実装した基板が使われています。

　基板上には、回路設計通りに電子部品を接続するための配線(導体層)がプリントされており、そのような基板を**プリント基板**と呼びます。

　そして、プリント基板上にデザインされた配線を**パターン**と呼びます。

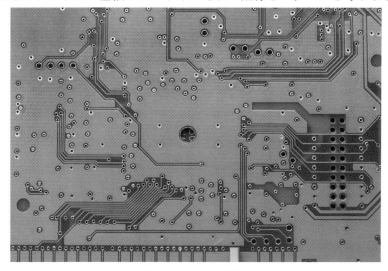

図5-2-1　プリント基板

●パターンの形成方法

パターンの形成方法には、**サブトラクティブ法**と**アディティブ法**の2つがあります。

エッチングは、サブトラクティブ法の工程で用いられる加工方法です。

「サブトラクティブ」は、「ある物の一部分を取り除く」という意味です。

その名の通り、サブトラクティブ法は、不要な銅箔を除去してパターンを形成する方法です。

一方、「アディティブ」は、「ある物質に他の物質を追加するプロセス」という意味です。

アディティブ法では、必要な部分に銅めっきして、回路を形成します。

エッチングとは何か

●プリント基板の構造

プリント基板は、「樹脂やガラスなどの絶縁体の層」と「薄い金属層」から構成されます。

基板の金属層の素材は銅です。パターン形成前の基板素材は、絶縁体の板の上全体に、**銅箔**(薄い銅膜)を貼り付けた状態になっています。

銅箔の配線になる部分に**レジスト**(保護材)を塗布し、その基板を**エッチング液**に浸すと、不要な部分の銅箔が溶解します。

そして、レジストを塗布した回路部分は残り、パターンが形成されます。

このようにパターンを形成する工程をエッチング(Etching)と呼びます。

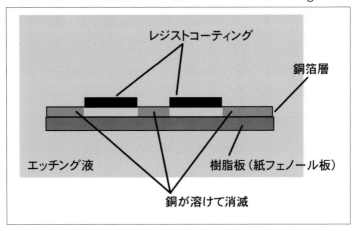

図5-2-2　エッチングの原理

●エッチングの歴史

エッチングは、15世紀中頃のヨーロッパで、武具や貴金属に装飾を施す技法として発明されました。

16世紀初頭には、凹版印刷にエッチングが使われるようになり、17世紀になると、エッチングを用いた銅版画が盛んに作られ、美術の人気ジャンルになりました。

20世紀初頭、ドイツの発明家アルバート・ハンソンは、絶縁板の上に箔導体を重ねて電子回路基板を製造する方法を考案。その方法は1903年、イギリスで特許認定されました。

現在のプリント基板の基礎技術となる製法を発明したのは、オーストリアの発明家ポール・アイスラーです。アイスラーは映画館の技術士として働きながら、手始めにプリント基板を使ってラジオを作り、それをアピール材料にして基板事業の出資者を探しました。

1939年に第二次世界大戦が勃発すると、アイスラーは敵国外国人としてイギリスに抑留されました。

1941年に抑留から釈放されると、アイスラーは印刷会社ヘンダーソン・アンド・スポルディングに出向いて基板事業について交渉。その結果、ヘンダーソン社は基板製作を手がける子会社テクノグラフを設立しました。

アイスラーはテクノグラフに雇用されましたが、雇用契約書を確認しなかったため、発明の権利を失ってしまいました。契約書には、わずか1ポンド（現在の価値で12000円前後）で特許権を譲渡することが書かれていました。

ただ、テクノグラフの16.5％を所有する権利を獲得できたのが救いでした。

しかしながら、大戦後の無秩序な情勢から、基板の製造技術が他社に勝手に使われるという状況が続くことに。

そのため、テクノグラフは特許料やライセンス契約をほとんど得られず、経営難に陥りました。

アイスラーは1957年、テクノグラフを退社し、フリーランスで新しい事業に取り組みました。その後、アイスラーはいくつかの実用的な技術や製品を発明しましたが、商業的な成功は得られなかったようです。

基板製作の工程

●フォトエッチング

基板製作には多様な方法がありますが、ここでは、基板製作の代表的な方法として、**フォトエッチング**の工程を紹介します。

*

感光性材料（フォトレジスト）を使うエッチング方法を、フォトエッチングと呼びます。

フォトエッチングでは、以下のような工程で基板を製作します。

(1)回路設計

一般に回路の設計図はCADソフトを使って作ります。

本格的なプロ向けのCADソフトは高価ですが、フリーのCADソフトもあります。ホビーユースの回路設計では、おおむねフリーソフトで対応できるでしょう。

(2)素材の準備

回路設計通りのサイズに基板素材を切断します。

(3)フォトマスクの印刷

フォトマスクは、エッチングマスクとも呼ばれます。

フォトマスクは、ガラスやPET（ポリエチレンテレフタラート）樹脂などを素材とする薄い透明板に回路パターンを印刷して作ります。回路パターンは、銅箔を残したい部分が光を透過するように印刷します。

フォトマスクは、エッチング専用インクを使って、インクジェットプリンタで印刷します。

(4)レジストコーディング

フォトレジストは、ポリマー、感光剤、溶剤などの成分を含む液剤です。

フォトレジストという名前には「光（Photo）に耐える（Resist）」という意味があります。

レジストコーディングは、基板素材にこのフォトレジストを塗布する工程です。

フォトレジストを塗布する代わりに、基板素材にドライフィルム（乾性被膜）を貼り付ける方法もあります。

ドライフィルムは、保護フィルム、フォトレジスト、キャリアフィルムの3層から構成されるフィルム（薄膜）です。

ドライフィルムの保護フィルムを剥離しながら、基板素材の銅箔面に熱圧着（ラミネート）し、感光層を形成します。

　ドライフィルムは、膜厚均一性に優れています。また、溶剤の蒸発による作業環境の汚染がないという利点があります。

(5)露光
　ドライフィルムを貼った基板素材にフォトマスクを重ねて、露光します。
　光が当たった部分のレジストは硬化します。

(6)レジスト除去
　マスクされた部分のレジストは硬化しないので、そのレジストを除去します。
　硬化した部分のレジストは残ります。

(7)エッチング
　基板素材をエッチング液に浸します。
　レジストを除去した部分の銅箔は腐食して、溶けてなくなり、回路部分のみが残ります。

(8)硬化レジストの除去
　専用の除去剤を使って、硬化レジストを除去します。

(9)洗浄
　最終的な基板の洗浄を行なって、加工に使った材料の残りやゴミなどを取り除きます。

(10)最終加工
　回路上の保護する配線部分にソルダーレジストを塗布します。
　それから電子部品の取り付け穴やネジ固定用の穴を開けます。
　必要に応じて、基板上に型番や部品指定などの文字を印刷します。

●エッチング液

エッチング液には、溶かす金属に合わせて、強酸、強アルカリ、強塩基などの溶液を使います。

銅はアルカリに対して安定なので、基板のエッチング液には強酸性の溶液が使われます。

主に銅のエッチングに使われるのは、**塩化第二鉄水溶液**です。見た目には黒褐色の液体です。

エッチング液は、200ml入りのボトルが1000円程度で販売されています。

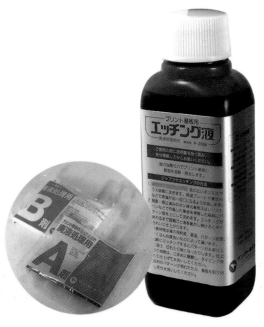

図5-2-3　プリント基板用エッチング液「H-200A」(サンハヤト)

廃液処理

●エッチング液の化学反応

　使用前のエッチング液（塩化第二鉄溶液）はほぼ無害な物質です。

　しかし、銅をエッチング液に浸すと、銅が溶け出します。そのときの化学反応によって、塩化銅が生成され、塩化第二鉄水溶液は**塩化銅水溶液**に変化します。

　塩化銅水溶液は、有害な化学物質です。

●塩化銅の無害化

　エッチングの廃液をそのまま下水に流したりすると、環境に多大な悪影響を与えます。

　そのため塩化銅を無害化してから廃棄する必要があります。

　廃液に鉄分（鉄粉や鉄くずなど）を投入すると、塩化銅は発熱を伴って塩化鉄と銅に変化します。さらに、溶液の温度が下がってから消石灰（水酸化カルシウム）を投入すると、無公害な状態になります。

　処理済みの廃液は、セメントで固めると不燃ゴミとして処分可能です。ただし、ゴミの出し方は地域によって異なるため、自治体などに廃棄方法を確認してください。

　廃液の処理が不適切な場合には、廃棄物処理法違反に問われる可能性があります。

　廃棄物処理法に違反すると、最大5年以下の懲役もしくは1000万円以下の罰金という重い罰則が科せられます。

ソルダーレジスト

ソルダーレジスト(Solder Resist)は、複数種の樹脂素材や光重合開始剤などが配合された、回路パターンを保護するための塗料です。

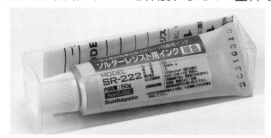

図5-2-4　ソルダーレジスト用インク(緑色)「SR-222」(サンハヤト)

ソルダーとは「ハンダ」という意味です。

基板の製造工程のミスにより、回路上に不要なハンダが付着すると、ショートなどの不具合を起こします。ソルダーレジストを塗布することによって、ハンダや金属の削りかすなどの付着を防ぎ、回路間の絶縁性を維持します。

また、ソルダーレジストには、ホコリや熱、湿気などから基板を守る役割もあります。

部品取り付け前の基板を見ると、部品取り付けの穴付近やICチップを載せる部分は銅色ですが、それ以外の配線部分はくすんだ色になっています。このくすんだ色の部分に、ソルダーレジストが塗布されています。

＊

ソルダーレジストは塗膜生成方法によって、以下のように分類されます。

》アルカリ現像型ソルダーレジスト
　ソルダーレジストを全面に塗布したプリント基板に、回路パターンから生成したネガフィルムを重ねて露光します。
　その基板を希アルカリ液に浸すと、回路のみにレジストを施すことができます。

》UV硬化型ソルダーレジスト
　UV硬化型ソルダーレジストは、UV(ultraviolet, 紫外線)を照射すると硬化する塗料を塗布する方法です。

》熱硬化型ソルダーレジスト
　熱硬化型ソルダーレジストは、加熱で硬化する性質の塗料を使う方法です。

回路の規模と基板の種類

先に紹介した基板製作工程は、基板専門業者による基本的な工程です。

複雑な回路の基板製作は専門業者に発注するのが一般的ですが、比較的シンプルな回路では基板を自作することもできます。

●ユニバーサル基板

ユニバーサル基板は、多数の小さな穴が開いている基板です。穴の周囲には銅箔(ランド)が付いていて、ハンダ付けできるようになっています。

それぞれの穴は絶縁されていて、必要に応じて導線をハンダ付けして接続します。

手軽に電子工作に使えて、簡易な基板製作に向いています。

大きなユニバーサル基板を使えば、複雑な回路にも対応できますが、部品点数が多くなると、配線のハンダ付けに手間がかかります。

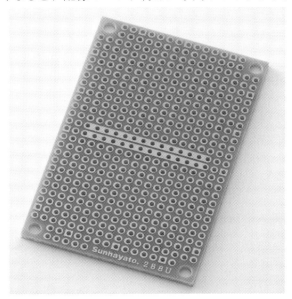

図5-2-5　小型ユニバーサル基板「ICB-288U」(サンハヤト)

●プリント基板の自作

　プリント基板の自作は、やや複雑な回路に対応可能です。1枚〜数枚程度の基板を作る場合に向いています。

　ただ、レーザープリンタなどの機器を用意する必要があり、初期費用がかかります。

＊

　小規模な回路では、ユニバーサル基板とプリント基板のどちらにするか迷う場合もあるでしょう。

　プリント基板には、

> »ハンダ付けがしやすい
> »配線の間違いが起こらない
> »複数の基板を効率的に作れる
> »見た目に美しい

といった利点があります。

　ホビーの電子工作の一環として継続的に基板を自作したいような場合には、ぜひ基板製作に取り組んでみてください。

●業者への基板発注

　基板製作業者に発注すると、高品質なプリント基板を1枚から作れます。

　基板製作の単価は、業者によって大幅に異なります。

　たとえば50x70mm程度の小さい基板の場合には、海外の基板業者の中には、1枚あたり100円未満の激安単価で小ロットに対応する業者もあります。

　ただ、発注から納品までに多くの日数を要するという難点があります。納期は「最短で5日」と謳っている業者もありますが、2〜3週間程度かかる場合もあります。

　国内で小ロット対応可能な業者は、1枚数千円〜1万円程度で発注できるようです。

基板の自作

●基板素材の名称

樹脂板(紙フェノール板)に銅箔を貼った基板素材は、**カット基板**や**銅張積層板**といった名称で販売されています。
生基板と呼ぶ場合もあります。

図5-2-6　銅張積層板(サンハヤト)

●自作基板の手法

基板の自作では、レーザープリンタあるいはコピー機で回路パターンを印刷する方法がよく使われます。

また、**感光基板**※を使う方法もあります。

> ※あらかじめ感光材を銅箔面の上に塗布した状態で販売されている基板。
> p130で挙げたようなレジストコーティングの工程を省略することができる。

感光基板では、銅箔が感光皮膜で覆われています。

回路パターンを印刷するのに普通のインクジェットプリンタが使えますが、「エッチング用のインクジェットフィルム」が必要です。

図5-2-7　クイックポジ感光基板「QP-P17K」(サンハヤト)

図5-2-8　エッチング用インクジェットフィルム「PF-10R-A4」(サンハヤト)

手順 基板自作の手順例

1 カット基板の準備

　カット基板を設計サイズにカットします。基板のカットには、プラ板用のカッターを使うといいでしょう。

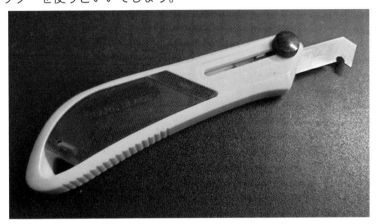

図5-2-9　プラスチック板専用「PカッターL型」(オルファ)

　次に、カット基板の銅箔をきれいにします。
　研磨作業用のスチールウールで表面を磨いて、不純物を落とします。

2 パターンの印刷

　レーザープリンタまたはコピー機で、回路のパターンを実寸で印刷します。パターンを基板に転写する際には、パターンが反転することに留意してください。

　印刷したパターンは、カット基板と同じサイズに切り出します。

　プリンタやコピー機は、トナーで印字するタイプの機器を使います。
　この手順では、一般的なインクジェットプリンタは使えません。

3 パターンの転写

　タオルや布の上にカット基板を置いて、印刷したパターンを銅箔に重ねます。その上に布を重ねて、スチームアイロンを当てて熱します。
　パターンの紙が乾く場合には、霧吹きで水分を追加します。

　パターンが銅箔面に転写できたら、優しく水で洗って張り付いた紙を落とします。

4 エッチング

　カット基板をエッチング液に浸します。基板が小さい場合には、ジップロックのようなやや厚手で封のできるビニール袋が便利です。
　エッチング液を扱うときは、酸やアルカリに耐性のある手袋を装着してください。

　銅箔が溶けた部分の樹脂面が露出したらエッチング完了です。エッチング液を洗い流して、スチールウールで優しく磨いて、パターンに付着したトナーを落とします。

5 穴開け

　部品を取り付ける穴を開けます。
　穴を開ける際に卓上ボール盤(設置式のドリル装置)を使うと、正確に垂直の穴を開けられます。穴開けは小型電動ドリルでも可能です。

　基板が完成したら銅箔全体にフラックスを塗っておくと、ハンダ付け作業がスムーズになり、簡易的なソルダーレジストにもなります。

索引

数字・記号順

1s軌道	15
4ホウ酸ナトリウム10水和物	18
74HC595	121

アルファベット順

《A》

Arduino	116,119
AVL3215	44

《B》

borax	15

《C》

CH_3	1_3
CH_3COO	13
CL	126
c接点スイッチ	40

《D》

DCモータ	39,41

《E》

EL	126
FA-130	41

《F》

FL	125

《G》

GPIO	119

《H》

H-200A	132
H_3BO_3	11

《I》

IoTデバイス	81
laundry starch	10

《L》

LED	22,113
LEDマトリクス	120
Light Emitting Diode	118

《N》

n型半導体	78,118

《O》

OH	13

《P》

PVA	10,11
PVC	13
PVOH	11
p型半導体	78,118

《S》

Silly Putty	8

《T》

TEC1-12706	82

《U》

UV硬化型ソルダーレジスト	134

五十音順

《あ》

あ	亜鉛板	22
	アセチル基	13
	アディティブ法	128
	アルカリ現像型ソルダーレジスト	134
	アルバート・ハンソン	129
	アレッサンドロ・ボルタ	24
	アンペールの法則	66
い	イオン化傾向	25
	位置エネルギー	97
	インダクタ	122
う	ウェアラブルデバイス	81
	ウォームギヤ	46
	宇宙探査機	81
え	エッチング	128
	エッチング液	132
	エマルション	11
	エレクトロルミネセンス	126
	塩化第二鉄水溶液	132
	塩化銅の無害化	133
お	オートサイフォン	103
	オームの法則	120,121
	音の発生の仕組み	104
	音を大きくする	108

索引

音を見る ……………………… 105
音叉 ………………………… 109
温度センサ …………………… 81

〈か〉

か 回路の温度変化 ……………… 121
化学電池 …………………… 24
架橋作用 …………………… 18
カソードルミネセンス ……… 126
カット基板 ………………… 137
壁づたいメカ工作セット …… 34
感光基板 …………………… 137
感光性材料 ………………… 130
乾電池 ……………………… 39
管内の圧力差 ……………… 100

き ギヤ ………………………… 45
キャビテーション ………… 102
ギヤボックス ……………… 57
ギヤ比 ……………………… 45
共鳴 ………………… 110,111
極性 ………………………… 118
希硫酸 ……………………… 25

く 空気の粗密の変化 ………… 106
クエン酸 ……………… 27,29
クエン酸水溶液 …………… 29
グラスハープ ……………… 107
クランクディスク ………… 54
クランクピン ……………… 54
グルーガン ………………… 90

け 蛍光体 ……………………… 125
蛍光灯 ……………………… 116
結合 ………………………… 18
ケン化 ……………………… 13

こ コイル ……………………… 122
降圧動作 …………………… 123
高輝度青色LED …………… 116
高輝度LED ……………… 121,122
工作のり …………………… 9,11
交通信号 …………………… 117
光電効果 …………………… 126
交流 ………………………… 41
小型スライドスイッチ …… 39
黒体放射 …………………… 125
コミュータ片 ……………… 74

〈さ〉

さ サイフォンの原理 ………… 100
サブトラクティブ法 ……… 128
酸化還元反応 …………… 25,27

し シーソー …………………… 53
シーリング ………………… 94
磁界 ………………………… 65
自由電子 …………………… 65
重合度 ……………………… 14

重心 ………………………… 49
重心移動歩行ロボット …… 48
重曹 ………………………… 9
周波数 ……………………… 108
重力 ………………………… 52
順方向電圧降下 …………… 119
昇圧動作 …………………… 123
障害物ガイドロッド ……… 61
消費電力 …………………… 121
照明 ………………………… 117
シリアル通信端子 ………… 121
振動 ………………………… 106

す スイッチ …………………… 56
水酸基 ……………………… 13
水素 ………………………… 18
水素結合 …………………… 14
ストロー …………………… 90
スパーギヤ ………………… 45
スライダ・クランク機構 … 54
スライム …………………… 8
スライムの力学的特性 …… 20

せ 正孔 …………………… 78,79
整流子 ……………………… 73
ゼーベック係数 …………… 77
ゼーベック効果 …………… 76
ゼーベック効果の応用例 … 81
赤色LED …………………… 116
センサロッド ………… 37,40,43
洗濯のり …………………… 9,10

そ ソーラーパネル …………… 126
ソルダーレジスト ………… 134

〈た〉

た ダイオード ………………… 118
大気圧 ……………………… 102
対称形配置 ………………… 17
ダイラタンシー …………… 20
高い音と低い音の違い …… 107
タングステン球 ………… 116,117

ち チクソトロピー …………… 20
直流 ………………………… 41
直流電圧計 ………………… 83

て 定電流駆動方式 …………… 122
テールランプ ……………… 117
テコの原理 ………………… 52
電圧 ………………………… 24
電解液 …………………… 25,27
電荷キャリア ……………… 78
電気の流れる方向 ………… 27
電気陰性度 ………………… 14
電気回路 …………………… 56
電子 …………………… 78,79
電子の移動方向 …………… 27

142

索引

電子回路 …………………… 119
電子顕微鏡 ………………… 126
電子配置 …………………… 15
電磁力 …………………… 66,68
電池 ……………………… 24,56
デンプン ……………………… 9
転流 …………………… 70,74
電流制限抵抗 ……………… 119
電力の公式 ………………… 121
と 銅 ……………………… 26
銅張積層板 ………………… 137
銅板 ……………………… 22
トーマス・ゼーベック ……… 76
トムソン効果 ……………… 76

《な》

な 生基板 …………………… 137
に ニキシー管 ……………… 116
ニュートン流体 …………… 20
人間の重心移動 …………… 51
ね 熱起電力 ………………… 76,86
熱硬化型ソルダーレジスト … 134
熱電効果 …………………… 76
熱電対 …………………… 76
熱伝導グリス / シート ……… 83
熱電発電 …………………… 81
熱電変換素子 ……………… 76

《は》

は ハイギヤ ………………… 46
廃棄物処理法 ……………… 133
パイロットランプ ………… 117
白熱電球 …………………… 116
パスカルの原理 …………… 97
パターン …………………… 127
裸電球 …………………… 117
バックライト ……………… 117
発光現象 …………………… 125
発熱 …………………… 121,123
ハンダゴテ ………………… 90
半導体 …………………… 78
半導体レーザー …………… 126
汎用入出力端子 …………… 119
ひ ヒートシンク ……………… 82
ビニールホース …………… 90
非ニュートン流体 ………… 20
ビニル基 …………………… 13
日の字型 (7 セグメント) 表示器 … 120
標準電極電位 ……………… 30
ふ フィラメント ……………… 117
フォトエッチング ………… 130
フォトルミネセンス ……… 125
フォトレジスト …………… 130
負荷 …………………… 84

複数の LED の制御 ………… 120
複数の水面 ………………… 97
ブラシ …………………… 73
フラックス ………………… 140
プリント基板 ……………… 127
プリント基板の自作 ……… 136
フレミング左手の法則 …… 67
へ ヘッドライト ……………… 117
ペルチェ効果 …………… 76,80
ペルチェ素子 ………… 80,82,87
ヘロンの噴水 ……… 90,96,94,97
ほ ホウ砂 …………………… 9,11
ホウ酸 …………………… 11
ホウ酸水 …………………… 9
ホウ素 …………………… 11,15
ポール・アイスラー ……… 129
ボールキャスタ …………… 47
歩行 …………………… 49
保護材 …………………… 128
ホットボンド ……………… 90
ポリビニルアセテート …… 11,10
ポリビニルアルコール …… 11,12
ポリ塩化ビニル …………… 13
ポリ酢酸ビニル …………… 11,12
ボルタ電堆 ………………… 24
ボルタ電池 ………………… 24

《ま》

ま マイクロスイッチ ……… 39,44
マルチメーター …………… 83
み 右ねじの法則 ……………… 66
め メチル基 …………………… 13
も モータ …………………… 56,64

《や》

ゆ 有機 EL …………………… 126
ユニバーサル基板 ………… 135

《ら》

ら ラマン分光 ………………… 19
り リミッター ………………… 59
量子ドット ………………… 125
リン酸 …………………… 27
れ レジスト …………………… 128
レベルメーター …………… 120
レモン …………………… 22,23
レモン電池 ………………… 21,27
ろ ローギヤ …………………… 46
ローレンツ力 …………… 66,68
ロボットキットの重心移動 … 51

143

《執筆者一覧》

清水美樹	1章(1-1)
hobbyhappy	1章(1-2)、3章(3-1)
児玉和基	2章
勝田有一朗	3章(3-2)、4章(4-1)
ささぼう	4章(4-2)
nekosan	5章(5-1)
本間一	5章(5-2)

本書の内容に関するご質問は、
①返信用の切手を同封した手紙
②往復はがき
③E-mail editors@kohgakusha.co.jp
のいずれかで、工学社編集部あてにお願いします。
なお、電話によるお問い合わせはご遠慮ください。

サポートページは下記にあります。

[工学社サイト]
http://www.kohgakusha.co.jp/

I/O BOOKS

大人のための自由研究ガチ解説

ヘロンの噴水の仕組み、スライムができる原理……「なぜそうなるのか?」を徹底追及!

2024年10月30日 初版発行 ©2024		編集	I/O編集部
		発行人	星　正明
		発行所	株式会社工学社
		〒160-0011	東京都新宿区若葉1-6-2 あかつきビル201
		電話	(03)5269-2041 (代) [営業]
			(03)5269-6041 (代) [編集]
※定価はカバーに表示してあります。		振替口座	00150-6-22510

印刷:(株)エーヴィスシステムズ

ISBN978-4-7775-2283-5